語りだす奈良 ふたたび

帝塚山大学客員教授
西山 厚

ウェッジ

語りだすふたたび奈良 目次

大安寺の仏さま

都は、奈良（平城京）にやって来る前、現在の奈良県橿原市にあった。藤原京という。藤原京の時代、お寺の2トップは大官大寺と薬師寺だった。遷都にともない、このふたつのお寺も奈良に移って来た。それが大安寺と薬師寺である。

大官大寺は天皇が創建した初めての寺だったので、歴代の天皇も造営に関わり、奈良時代の前期までは、日本一の大寺だった。大安寺の僧侶の数はおよそ９００人。広さは、現在の大安寺の25倍もあった。しかし、平安時代以降は次第に衰え、江戸時代になると「大安廃寺」と呼ばれるようになっていた。現在の大安寺の姿は、先代の住職さんと現在の住職さんの、復興への努力の賜物《たまもの》である。

大安寺には奈良時代の仏像が９体お祀《まつ》りされている。どの像も腕を失い、修理された時に補われた新しい腕に替わっている。残っている制作当初の部分も、風化したように表面が痛んでおり、老いた像という印象をぬぐえない。

美術史家で歌人の会津八一《あいづやいち》は、奈良帝室博物館（現在の奈良国立博物館）の展示室で大安寺の持国天像を見て、こんな歌を詠んだ。

のち の よ の ひと の そへたる ころもで を
かかげて たたす ぢこくてんわう

ところで、平成15年（2003）4月9日から6月22日まで、ニューヨークのジャパン・ソサエティー・ギャラリーで開かれた特別展「日本と韓国の古代仏教美術」の会場には、一枚のパネルが掲げられており、そこには、大安寺の楊柳《ようりゅう》観音像と多聞天像に添えた、大安寺住職の河野《こうの》良文《りょうぶん》さんのメッセージが、日本語と英語で記されていた。

この仏像の忿怒《ふんぬ》の表情は、大義がいかなるものであれ、愚かしい戦争を怒るものである。その悲劇を憤り、嘆くものである。仏の怒りと悲しみをあえてお伝えするべく、開陳を認めた。

大安寺住職河野良文

アメリカがイラクを空爆したのは展覧会が始まる3週間あまり前の3月17日のことで、アメリカはその2日後には、イギリスなどとともに、イラクへの侵攻を開始した。

日本側の窓口となった奈良国立博物館からの要請で、河野住職は楊柳観音像と多聞天像の貸出しについて、早くから了承していた。2体の仏像はすでに梱包されており、

大安寺の門前で帝塚山大学の学生たちと

アメリカへ空輸されるのを待っていた。ちょうどその時期に戦争が始まってしまい、河野住職は貸出しをためらった。ためらった末に、メッセージを添えることを思いついた。

楊柳観音の名はのちの時代に付けられたもので、もとの腕がないこともあって、本当の名前はわからない。いずれにせよ、この仏様は怒っている。忿怒の表情だ。しかし、よく見ると、怒りのなかに陰《かげ》りがあり、悲しんでいるようにも見える。そしてもう1体の多聞天は、四天王のひとりで、北方を守護する仏教世界の神様である。

この2体の仏像は、千二百年以上の長い時を過ごすなかで、どちらももとの両腕を失って、のちの時代の腕に付け替えられている。

制作当初の腕を失って老いた仏像、長い風雪の時に耐えてきた仏像が、現代のニューヨークで怒りと悲しみを伝えようとする……。

歴史は、決してもう終わってしまったものではない。こんなふうに現在につながっているし、明日へもしっかりつながっていく。

（2015年9月23日）

10月5日

東大寺の大仏は二度焼かれた。

最初は平安時代の終わりに平重衡《たいらのしげひら》が、二度目は戦国時代に松永久秀《まつながひさひで》が焼いた。最初の時には、重源上人《ちょうげんしょうにん》の尽力で、焼かれてから5年もしないうちに大仏さまは再造され、その10年後には大仏殿も再建された。しかし二度目の時には、百年たっても復興できずにいた。

江戸時代に、大仏さまと大仏殿の復興に生涯をささげたのが公慶《こうけい》上人である。

現在、大仏殿の西に勧進所《かんじんしょ》がある。かつて、ここに公慶の復興事務所があった。勧進所の入口は、いつもは閉ざされているが、10月5日には開かれる。勧進所のなかに入り、まっすぐに進んでいくと、突き当りに八幡殿があり、このなかに僧形《そうぎょう》八幡神像がお祀《まつ》りされている。

奈良時代、聖武天皇が大仏を造り始めると、九州から宇佐八幡宮の神主がやって来て、八幡神が神々を率いて大仏造りに協力すると託宣なさったと伝えた。それを聞いた聖武天皇はとても喜び、八幡神を東大寺の守り神（鎮守）にした。これが手向山《たむけやま》八幡

転害門《てがいもん》

宮である。

この鎮守は、もとは山の下にあったが、平重衡の南都焼き討ちの際に焼かれ、現在の位置、山の上に移った。この時、ご神体をどうするか、神像を造るかどうかという議論があったが、「如在」、礼を専《もっぱ》らにすべし、ということになり、何も造らないことになった。

「如在」と書いて、「いますがごとし」と読む。神様の姿は目に見えない。しかし、いつもそこにいらっしゃると思って、そのように振る舞う。たとえご神体がなくても、神様はそこにいらっしゃるとして、心込めてご奉仕しようということである。

しかし、復興造営にあたっていた重源は納得せず、やがて制作されたのが、僧形八幡神像だった。僧侶の姿をした神様の像。現代人には奇異に思われるかもしれないが、昔はそうではなかった。八幡神は早くから仏教に近づき、神仏習合がもっとも進んだ神様だった。

重源と親しかった仏師快慶が造った僧形八幡神像。

明治初年の神仏分離の折に、僧侶の姿の神像はご神体としてふさわしくないということになって、手向山八幡宮から出されてしまい、東大寺の勧進所に移ってきた。この神像に会えるのは10月5日だけである。

10月5日には手向山八幡宮で転害会《てがいえ》がおこなわれる。八幡宮の境内で神事があり、そのあと東大寺の転害門に場所を移して法要をおこなう。これは八幡神が宇佐から神輿《しんよ》に乗ってやって来られた時、転害門に神輿をおろしたことに由来するそうだ。

転害会には東大寺の僧侶も参加する。奈良では神様と仏様の仲がとてもよく、今でも神仏習合の様相がよく残っている。

10月5日にだけ僧形八幡神像が拝観できるのは、転害会の日であるからで、この日はたくさんの方々がお参りに訪れる。しかし、ほとんどの人が、神像に近づいた時に、坐らないで立ったまま眺めているのは残念な気がする。

八幡殿の手前には公慶堂があり、この日は公慶堂の扉も開かれるので、公慶上人にお会いすることもできる。

（２０１５年10月７日）

語りだす奈良

10月20日に私の本ができた。この毎日新聞の連載が、『語りだす奈良１１８の物語』という本になった。

毎日新聞奈良支局の支局長さんから、奈良版に連載をしてほしいと依頼されたのは、平成22年（２０１０）の夏が終わったころだった。

平城遷都１３００年祭のイベントが、県内の各地で繰り広げられた年。私も平城宮跡の特設舞台で、ＮＨＫアナウンサーの上田早苗さんとトークセッションをさせていただいたが、その直後の藤川大策さんのコンサートで、楽譜が強い風で飛ばされて演奏をはじめからやり直すハプニングがあり、それを見た時、連載のタイトルを「奈良の風に吹かれて」に決めた。

新聞の連載はそれまでにも経験があったので、軽い気持ちでやり始めたというのが正直なところだったが、５ヶ月が過ぎた時に、書くことの意味をすっかり変えてしまうような事が起きた。東日本大震災である。

あの日の夜、私はテレビの報道をずっと見続けた。途中から声が出なくなり、涙を流しながら、黙って画面を見続けた。そして2日後に書いたのが「大地との絆」だった。

私は宮崎駿《はやお》さんの「風の谷のナウシカ」を思い出していた。大地との絆が失われた時代に、たったひとりで世界を救おうとする女の子の物語。そこでは、青き衣をまとう者が失われた大地との絆をふたたび結ぶ、という古い予言が繰り返される。

ナウシカこそその人であったのだが、ナウシカがまとう青い衣は、傷ついたナウシカが、傷ついた王蟲《おうむ》（巨大な虫）の子を抱きしめた時に、その体液で青く染まった衣だった。

私は奈良時代の聖武天皇を思い出していた。すべての生ある者の幸せを心から願い、しかしそんな世の中などできるはずがないので、苦しみ続ける聖武天皇。

そして、苦しみの果てに大仏を造ることを決意する。「大きな力で造るな、たくさんの富で造るな」という聖武天皇のメッセージは、傷ついた人のなかからしか生まれてこないものだと思う。

奈良にはたくさんの物語がある。悩み苦しみ、傷つき悲しみながらも、精一杯の人生を送った人々が生み出した、たくさんの物語。

聖武天皇の苦しみが大仏を生み、光明皇后の悲しみが正倉院宝物を生んだ。幼くして母を亡くした鎌倉時代の叡尊はその悲しみを力に変えた。苦しみや悲しみからしか生まれてこないものがある。苦しみや悲しみが、やがてやすらぎや大きな喜びを生み出していく不思議。

歴史は終わってしまったものではない。過ぎ去ってはいない。今につながり、私につながり、明日につながっていく。だから奈良は古くて新しい。奈良の物語を語ろう。奈良から物語ろう。

1冊にまとめてみると、まだ語っていない物語が多いことに気がついた。まだ1割くらいしか語れていない。

厚みのある本になったが、軽い紙を使ったので重くはない。そこで生まれたキャッチコピーは「やさしくて深い。分厚くて軽い」（笑）

（2015年10月21日）

春日シンポジウム

春日大社の第60次式年造替を記念するシンポジウムが10月に2度開催された。7日には東京の日比谷公会堂で。25日には奈良県の明日香村の万葉文化館で。どちらも大盛況だった。

日比谷公会堂は、安田善次郎の東京都への多額の寄附によって建設され、昭和4年（1929）に竣工した。安田善次郎は東京大学にも建物を寄贈しており、これは安田講堂の名で知られている。安田善次郎はこうした寄贈の折に、匿名を条件として、自分の名前を出さなかった。そのため私腹を肥やしていると誤解され、大正10年（1921）7月に刺殺された。

昭和35年（1960）10月12日、日比谷公会堂の壇上で、社会党の浅沼稲次郎委員長が演説中に刺殺された。ラジオから流れてきたそのニュースは、まだ幼かった私の耳の奥に今も残っている。日比谷公会堂の舞台に立つと、さまざまなことを思い出す。

日比谷公会堂でのシンポジウムの前半は、東儀秀樹さんの講演と演奏。後半は、春日大社宮司の花山院《かさんのいん》弘匡《ひろただ》さん、奈良県知事公室審議官の中西康博さん、そして私が、産経新聞編集委員の安本寿久さんをコーディネーターとして語り合った。

春日大社では年間二千回を超える祭祀がおこなわれている。たとえば大晦日におこなう年越大祓式《としこしおおはらえしき》は、生きとし生けるものすべて（私たちを含む）の一年間の罪や穢《けが》れを祓うもの。罪や穢れがたまると、災いが起きたり病気になったりすると考えられている。春日大社は、私たちが知らないところで私たちの幸せをずっと祈り続けてくれている。これが日本の信仰の姿である。

現代の日本では、すぐに役に立つことが求められがちだ。ニュートリノの研究でノーベル物理学賞を受賞した梶田隆章さんが「（研究成果は）何の役に立ちますか」と聞かれて、「難しい質問ですね。私は今、その答えを持っていません」と応えたのには好感をもった。

ニュートリノは、目には見えないが、実在し、重さがある。奈良も、目には見えない何かがある特別な場所、と言えるような気がする。それは神や仏かもしれないし、1300年間の人々の思いの集積かもしれない。そこに身を置くと、大きなやすらぎを与えてもらえる。目に見えないものや、すぐには役にたちそうでないものを、大切にする日本であってほしい。私はそんな話をした。

万葉文化館では、花山院宮司、長谷寺の加藤精一化主《けしゅ》、万葉学者の上野誠さん、民俗学者の鹿谷勲さん、そしてコーディネーターの私が、春日信仰の広がりをテーマに語り合った。

春日大社と長谷寺のつながりは深い。かつて隔夜僧《かくやそう》と呼ばれる人々がいた。春日山麓の隔夜寺に泊まり、翌朝に長谷寺へ向かう。その夜は初瀬で泊まり、翌朝に奈良へ向かう。これを千日も千五百日も繰り返すのだという。

奈良市の東山中《ひがしさんちゅう》、そして石上《いそのかみ》や生駒などには、春日若宮の「おん祭」の芸能とよく似たものが伝わっている。その地域の人々が、「おん祭」に参加して芸能を持ち帰ったのではないか。それが農業に関わる芸能と認識されたことにより、それぞれの地域に受け入れられて根付いたのではないか。鹿谷さんの指摘は興味深く、わくわくした。

（2015年11月4日）

称徳天皇と西大寺

今年、西大寺は創建1250年の年を迎えた。

聖武天皇（当時は首皇子《おびとのみこ》）と光明皇后（当時は安宿媛《あすかべひめ》）は16歳で結婚し、2年後に女の子が生まれた。阿倍内親王である。

それから9年が過ぎ、待望の男の子が生まれた。喜んだ聖武天皇は、まだ赤ちゃんの皇子を皇太子にしたが、その子は満1歳を迎えることなく亡くなった。

聖武天皇のあとを継げるのは阿倍内親王しかいない。弟の死から10年後、阿倍内親王は皇太子になる。日本の歴史上、たったひとりの女性の皇太子である。女性の天皇は何人もいるが、女性の皇太子は彼女だけだ。弟が元気であれば、弟が天皇になっていた。阿倍内親王は、女性としての幸せな人生を送ったかもしれない。しかし、弟が夭折し、彼女は女性であることを許されなくなった。皇太子から天皇へ。これは男性がたどる道である。

やがて聖武天皇の譲位を承けて阿倍内親王は即位し、孝謙天皇となった。しかし、実権は聖武太上天皇が握っていた。聖武太上天皇が亡くなると、実権は光明皇太后と藤

称徳天皇の御陵

原仲麻呂に移った。

即位して9年後、孝謙天皇は天皇を退位した。理由は、お母さんの看病をするためだった。光明皇太后が病み、彼女は天皇の位を大炊王《おおいおう》（淳仁天皇）に譲った。

程なくして光明皇太后が亡くなった時、孝謙上皇は「私の人生はなんだったのだろう」と思ったのではないだろうか。これまでずっと父母に言われた通りに生きてきた。そして父母は死んだ。私にはもう何もない。彼女は病気になった。

療養のため、琵琶湖に近い保良宮《ほらのみや》へ行った孝謙上皇は、ひとりの僧に出会う。道鏡《どうきょう》である。道鏡は彼女の病気を治した。孝謙上皇は、道鏡と一緒に奈良に戻り、宣言した。これからは大事なことは私がやります。小事は天皇がやりなさい。

みんな、唖然茫然《あぜんぼうぜん》としたことだろう。彼女は変わった。道鏡に会って変わった。自分の人生を生き始めた。

2年後、藤原仲麻呂を倒し、彼女はふたたび天皇になる。称徳天皇という。戦いの勝利を願い、四天王に祈りを捧げた彼女は、勝利すれば四天王を祀《まつ》る寺を建てると誓う。それが西大寺となった。

称徳天皇は、道鏡とふたりで政治をおこなった。のちの歴史書や、のちの説話集は、ふたりを酷評し、ふたりの仲を笑いものにする。

誰もわかっていない。わかろうとしない。

やがて称徳天皇は病み、亡くなった。最後の数ヶ月はひとりの女性だけを側におき、もう誰にも会わなかった。彼女の名は吉備由利《きびのゆり》。若い頃から信頼してきた吉備真備《きびのまきび》の、妹あるいは娘と考えられている。

かつて聖武天皇が重態になった時、クーデター未遂があった。橘奈良麻呂は言った。「陛下、枕席《ちんせき》安からず。しかれどもなお、皇嗣《こうし》を立つること無し」。男たちは、皇太子である阿倍内親王を、皇嗣とは認めていなかった。

阿倍内親王→孝謙天皇→孝謙上皇→称徳天皇。彼女は道鏡と出会い、初めて自分の人生を生きるようになり、そして生き切った。


（2015年11月18日）

仏教東漸

11月21日、「奈良と会津1200年の絆」第2回シンポジウムが開催された。赤坂憲雄さんと私が講演したあと、喜光寺副住職の高次喜勝《たかつぎきしょう》さんをコーディネーターとして、3人で語り合った。

赤坂さんは民俗学者で、学習院大学教授、福島県立博物館館長。「東北学」を唱え、著作も多い。お会いするのは初めてだったが、心に染み入る語り口に魅了された。

私は「仏教東漸《とうぜん》　奈良からみちのくへ」というテーマで話をさせてもらった。

仏教は朝鮮半島の百済から日本に伝えられた。そのとき百済の聖明王《せいめいおう》は、お釈迦さまは「我が法は東に流《つたわ》らむ」と言われたが、いまそれを果たすことができたと述べた。

仏教は東へ。古くからこういう考え方があったようだ。インドの戒賢《かいげん》から中国の玄《げん》奘《じょう》へ。中国の玄奘から日本の道昭《どうしょう》へ。中国の行満《ぎょうまん》から日本の最澄へ。中国の恵果《けいか》から日本の空海へ。そんなふうにして仏教は日本へやってきた。

これを「仏法東漸」という言葉で表わしたのは、鎌倉時代の貞慶《じょうけい》である。私はわかりやすくするために「仏教東漸」と表現してみた。

奈良時代に、奈良からみちのくの会津へ、ひとりの僧が旅立った。徳一《とくいっ》という。徳一はなぜ東へ行ったのか。

この時代、すでに仏教は東北にまで伝わっていた。685年、天武天皇は、全国に寺を建て、仏像と経典を安置するよう命じた。仏教の力で国を護り、みんなを幸せにするためである。

その4年後、みちのくの僧に、金銅《こんどう》の薬師如来像と観音菩薩像を与えたという記事が『日本書紀』にみえる。東北には、その時の観音像ではないかと思われる白鳳時代の小金銅仏をはじめ、平安時代以前の仏像が少なくない。

奈良時代に、聖武天皇は、全国に国分寺と国分尼寺を建てるよう命じた。曾祖父である天武天皇の政策をさらに推し進めたことになる。

会津にある徳一の御廟へ向かう

東北には陸奥国の国分寺と国分尼寺が建てられた。仙台市太白区に、それを受け継ぐ寺があり、奈良時代の遺構も残っている。

関東には鑑真和上の弟子の道忠《どうちゅう》がいた。道忠はなぜ東へ行ったのか。道忠と最澄は親しく、最澄が関東に行った時に、浄土院には9万人、大慈院には5万人もの人々が集まったという。

「仏教東漸」という言葉には、東こそ仏教にとってふさわしい場所だという意味合いが込められている。インドよりも中国よりも日本こそが仏教の聖地なのだ、というひそかな思いがそこにはある。

それは日本の国内には当てはまらないのか。関東・東北こそ仏教が花開く地だというふうに。

徳一が会津へ行った理由はわからない。だから流されたという説もある。奈良の都のほうがいいに決まっている。自分の意志でみちのくなんかへ行くはずはない、という価値観がそこにはある。

東日本大震災を契機に、東北が古代以来、攻撃され収奪され続けてきた地であるという事実が露わになったが、「仏教東漸」という言葉で、東北の評価を反転させることはできないか。


（2015年12月2日）

小さな子どもたち

秋から冬にかけて、小さな子どもたちに話をする機会が何度かあった。

12月1日には、奈良市立鶴舞小学校で、1年生から6年生までの260名に話をすることになった。

テーマは叡尊《えいそん》。いつでもどこでも誰に対しても、すべての人にわかるように話す。それをめざしているので、1年生から6年生までのように、発育段階に大きな差がある場合には、一番小さい1年生にわかるように話そうということになる。

衰えていた西大寺を鎌倉時代に元気にした叡尊。7歳でお母さんを亡くしたことが、叡尊の人生を決定づけた。

1年生は誕生日を迎えていると7歳になっているから、お母さんを亡くした叡尊と同い年になる。叡尊の場合は数え年なので、本当は叡尊のほうがひとつ年下だが、自分と同い年だとわかると、小さな子どもたちは親近感をもつ。

さて、西大寺の僧になった叡尊は、自誓受戒《じせいじゅかい》という儀式をおこなう。

正式な僧になるには受戒をする必要がある。戒を守ることを先生に誓う儀式である。

戒とはやってはいけない決まり。仏教で一番大切な戒は、殺生をしないこと。だから僧は、本来なら肉や魚を食べない。

しかし、その当時、戒を守っている僧はほとんどいなかった。先生も守っていない。戒を守っていない先生に「戒を守ります」と誓っても、どんな意味があるのか。

自誓受戒は、人間である師僧にではなく、仏さまに戒を守ることを誓う。そうして本格的に活動を開始した叡尊は、たちまちいやがらせを受ける。

「どうしてだと思う?」と質問すると、いっせいに手が挙がる。「肉や魚を食べたいから」。1年生の男の子のこの答えには感心した。僧になる時だけ戒を守りますと誓い、僧になったらもう守らない。みんなでそうやって問題なく過ごしているのに、生意気なやつが出てきて不愉快だという感じなのだろうが、「肉や魚を食べたいから」は、直球でズバリど真ん中の見事な答えだった。

11月9日には、帝塚山大学附属幼稚園で、年長・年中・年少の、あわせて120名に、大仏さまの話をした。

話が終わり、みんなはそれぞれの教室へ戻っていった。しばらくして帰ろうとしたら、廊下の向こうで「あっ、先生」というかわいい声が。年少の女の子がこちらを見ている。

「そんなところにいたのか」と近づくと、子どもたちが続々と廊下に出てきたので、一緒に記念写真を撮った。子どもたちがしているのは大仏さまのポーズである。

12月9日には、奈良市立三碓《みつがらす》幼稚園の年長と年少の子どもたちに、奈良国立博物館の講堂で、興福寺の阿修羅の話をした。

子どもたちは思いっきり自由に発言する。それを聞き取りながら、それに合わせて話を進めていくのが楽しい。

60分の話を聞き終えた子どもたちは、元気に講堂を出ていったが、出口で見送っていた私を、次々にハグしていく。ぎゅっと私に抱きつく小さな子どもたち。思いがけない幸せな時間だった。


（2015年12月16日）

今昔越え

子どものころから物語が好きだった。父や母に「お話して」とよくねだったものだ。

父は歴史家で、話がとてもじょうずだった。子どもに話すのも好きで、さまざまな物語を語ってくれた。

私は本を読むのも好きだった。仏教童話全集や少年少女世界文学全集を毎日のように読んでいた。

仏教童話全集に収められた話のなかには、鳩摩羅炎《くまらえん》がお釈迦さまの像をおんぶしてインドを出た話や、アショカ王が地獄を造らせてあとで後悔した話だとか、何十年もたってから、奈良国立博物館の特別展の準備作業のなかで再会し、「あ、それ、知ってる」と思った物語がいくつもある。

少年少女世界文学全集のなかには、『古事記』『平家物語』『太平記』『三国志』『ラーマーヤナ』『ギリシャ神話』『北欧神話』『イーリアス』『オデュッセイア』『ローランの歌』『アーサー王物語』など、世界各地の古い物語がたくさん収められており、小学生のころにはこういう話を読みふけっていた。

物語のなかの人々は、現実のなかの私たちよりも、もっと深く喜び、もっと深く悲しみながら、生き生きと生き、そして死んでいった。

高校時代、一番好きな教科は数学だった。だから進路は迷ったが、物語のなかの人々が私を歴史の世界に導いた。

ところが大学の歴史の授業はあまり面白くなかった。社会構造の探求が当時の歴史学の主流で、ひとりひとりの人生なんて、ましてひとりひとりの心のなかなんて、科学的学問の対象外だった。

歴史は人が造る。人を動かすのは心。だからその人の心のなかがわからなければ歴史はわからない、と私は思う。

でも、心のなかは、その人にしかわからない。あるいは本人にもわからないのかもしれない。それに少しでも近づくには、歴史のなかの出来事を「他人事にしない」ことが絶対に必要である。そして、思いをはせ、近づき、寄り添う。そうすることで、また新しい物語が見えてくる。

心のなかの思いは実現するとは限らない。むしろ実現しない場合がほとんどだろう。この世に生まれ出ることのなかった思い。そういうものに価値はないのだろうか。私にはそうとは思えない。

だから、桶谷秀昭さんが、大著『昭和精神史』の文庫本のためのあとがきに、「実現されなかった内面を実現された結果とおなじ比重において描く」と書いていたのには、強く共感した。

昨秋、この連載の１１８回分をまとめて本にした。タイトルに「物語」という言葉をどうしても入れたかったので、『語りだす奈良１１８の物語』とした。

平安時代の『今昔物語集』には、１０４０の物語が収められている。物語の数で「今昔越え」を果たすのが今の目標だ。

出版祝いの会でそのことを口にしたら、書家の仁科恵椒《にしなけいしょう》さんが色紙に書いてくれた。今のペースで連載が続くとして、物語が１０４０に達するには、あとまだ35年ほどかかるのだが。

（２０１６年１月６日）

仏像の誕生

仏教の教祖・お釈迦《しゃか》さまは実在の人である。およそ2500年前にインドで生まれ、35歳で悟りを開き、その後はインドの各地で説法をして、80歳で亡くなった。

悟りを開いた人のことを、ブッダという。お釈迦さまはブッダになったのである。ブッダとは「目覚めた人」という意味で、中国ではその発音をそのまま漢字に当てて「仏陀《ぶっだ》（または仏《ぶつ》）」と表記した。「仏（日本では〈ほとけ〉と読む）」という言葉はこうして生まれた。

私たちは「目覚めた人」ではない。自分では目を覚ましているつもりだが、欲望や雑念で目がくらんでいるので、真実がみえていない、つまり目覚めてはいない。だから悩み多き人生を送らざるをえない。

目覚め、真実がみえたら、悩みは消え、やすらぎに満ちた日々を送ることができるそうだ。では、どうすれば目覚めることができるのか。お釈迦さまはその方法をみんなにやさしく教えてくれた。

でも、それには精進が必要だった。大いなる悩みに遭遇した時、自分自身で努力して克服しようと思う人よりも、他者に救ってほしいと願う人のほうが多いのではないだろうか。ひとりで苦難の道を歩み続けるよりも、誰かがそばにいて癒してくれることを願う人のほうがずっと多いと思う。

お釈迦さまが亡くなってからも、お釈迦さまの直弟子たちはたゆみなく精進したのかも知れないが、普通の人たち（在俗の信者）は、それよりも何よりも、お釈迦さまに会いたくてたまらなかった。

しかし、お釈迦さまの姿を写した像（＝仏像）を造ることは禁じられていたので、お釈迦さまの足の形や菩提樹や法輪などで、お釈迦さまを象徴的に表現することしかできなかった。とはいえ、お釈迦さまの姿を見たい、表現したいという思いはいつまでも続いてゆき、お釈迦さまの死から数百年後、ついに仏像が誕生する。

仏像の誕生に到る実際の歴史はそういうことらしいが、お話のなかでは、お釈迦さまの生前に最初の仏像が造られたことになっている。

お釈迦さまが、亡くなったお母さんに会うために、天の世界（忉利天《とうりてん》）へ昇ったことがある。お釈迦さまを深く思慕する優塡王《うでんのう》は、お釈迦さまにしばらく会えなくなることに耐えられず、お釈迦さまにそっくりな像を造った。その出来栄えは素晴らしく、優塡王の心には清らかな信仰が生じ、悩みは消えた。実話ではないが、仏像がもつ力をよく示す物語である。

仏像は仏そのものではないが、仏にそばにいてほしいという切なる思いによって生み出され、悩みを抱いた人々の心の支えになってくれる存在である。そうであれば仏像＝仏と言うこともできよう。

仏教は、時とともに各地へ広がり、内容も変化していった。時代により、地域により、さまざまな違いがあるが、仏になることをめざすよりも、仏に救われることを願う信仰へ、仏教は徐々に変わっていった。

（２０１６年１月20日）

お釈迦さまの像を抱く優塡王

五劫思惟

東大寺の北に五劫院《ごこういん》というお寺がある。本尊は五劫思惟《しゆい》の阿弥陀如来である。阿弥陀如来もかつては人間で、法蔵《ほうぞう》という僧侶だった。法蔵は、すべての人を幸せにしたいと思い、その手立てを思惟し（考え）始めた。そしてついに「五劫」という永遠のような長い時間を考え抜くのだが、考えすぎて散髪に行くのを忘れていたので（笑）、すっかり髪が伸びてしまった。五劫思惟の阿弥陀如来像は、その様子を表わしている。

　悟りを開いた如来の髪は、釈迦《しゃか》如来も薬師如来も阿弥陀如来も螺髪《らほつ》という巻き毛で、巻貝が頭にたくさん乗っているような髪型をしている。五劫思惟の阿弥陀如来像は、その巻き毛が伸びに伸び、頭全体が大きくなったようにみえる。まるでアフ

五劫思惟阿弥陀如来像

ロヘアーだ。だから五劫思惟の阿弥陀如来像は「アフロ仏」と言われたりもする。五劫思惟の阿弥陀如来像の写真を初めて見た人は、驚いたり笑ったりすることだろう。「かわいい」とつぶやく女性も少なくないのではないか。奈良国立博物館の特別展で展示された時には、やって来た幼稚園の子どもたちが「かわいい！」と歓声を上げていた。

でも、ある日、ふと気がついた。すべての人を幸せにする手立てが、法蔵にはどうしても見つからなかったのだということに。だから五劫という永遠のような長い時間、ひとりで考え続けなければならなかったのだ。

法蔵だった時、つまり人間だった頃には剃髪していたはずだから、考え始めた時には髪はなく、伸びてきても、たぶん巻き毛ではなかっただろうから、この巻き毛姿の五劫思惟の阿弥陀如来像から、もとの法蔵の姿は見えてこない。

そして、五劫思惟の阿弥陀如来像は、悟りを開いて如来になってからの姿なのだから、もう悩んではいない。

しかし、あの髪の毛！　五劫という時間の長さを、髪の毛の長さ（多さ）で表わしたということは、あの髪の毛こそ、永遠の悩みの象徴ということになるのだろう。

法蔵はすべての人が幸せになってほしいと願った。しかし、すべての人が幸せになるなんて、そんなことがありえるのだろうか。

シリアの内戦のニュースを聞きながら、いつも私は思う。どちらの立場の人も、幸せを求めて戦っている。平和をめざして殺し合っている。だから戦争は簡単には止められない。

すべての人が幸せになる。それはたぶんありえない。すべての人を幸せにする。それはきっと不可能だと思う。だから法蔵も悩み続けた。もともとそれは無理なのだから。「すべての人」のなかには、もちろん私も入っている。読者のみなさんも入っている。

ありがとう。もう十分です。私たちのことは忘れてください。これ以上、私たちのために悩まないでください。

そんなふうに法蔵に言ってあげたかった。そんなことを思いながら五劫思惟の阿弥陀如来像を見つめていると、胸がいっぱいになってくる。

かわいくて、ユーモラスであるのも確かだが、手を合わせて、ありがとうって言いたくなる。

（2016年2月3日）

涅槃会

お釈迦《しゃか》さまは、今からおよそ二千五百年前の2月15日に亡くなった。この日、各地のお寺では、お釈迦さまが亡くなった時の様子を描いた涅槃《ねはん》図を懸けて、お釈迦さまをしのぶ。これを涅槃会《え》という。

涅槃図には、慟哭《どうこく》する人々ばかりではなく、仏菩薩《ぶつぼさつ》や動物たちも描き込まれている。お釈迦さまは動物たちからも慕われるような人だった。お釈迦さまは2本の沙羅の木のもとで亡くなった。木々も悲しみゆえに時ならぬ花を咲かせ、お釈迦さまの体に白い花びらを散らした。

鎌倉時代、明恵上人《みょうえしょうにん》という僧侶がいた。「鳥獣戯画」で知られる京都の高山寺を創建した高僧である。

お釈迦さまを深く思慕していた明恵上人は、お釈迦さまの国であるインドへ行こうとするが、奈良の春日大社の神さまのお告げによって断念する。そのあと奈良に来て舎利《しゃり》（お釈迦さまの遺骨）を得た明恵上人は、涅槃会を始めた。

高山寺の涅槃会は、2月14日から15日にかけて夜を徹しておこなわれ、明恵上人が作成した「涅槃講式」「十六羅漢講式」「遺跡《ゆいせき》講式」「舎利講式」が、順に読み上げられた。

このうち「涅槃講式」には、お釈迦さまが亡くなる時の様子が詳しく記されている。お釈迦さまは集まった人々に何度も繰り返した。「私を見よ」「私を見るのは今夜が最後、もう二度と見ることはない」。そして「全身が痛む」と言いながらも、人々のために法を説き、亡くなった。

青蓮《しょうれん》の眼《まなこ》閉じて永く慈悲の微咲《みしょう》を止《や》め、丹菓の唇黙《もだ》して終《つい》に大梵の哀声を絶ちき

蓮のつぼみのような美しい形をした目は閉じて、やさしい微笑《ほほえ》みは永遠に失われた。赤い木の実のような唇は閉じて、うるわしい声をもう聴くことはできない。

その時、人々も動物たちも、天に向かって泣き叫び、地に倒れ伏した。草木も憂い悲しみの声を出し、大地は揺れ、河は涸《か》れ、山は崩れた。

生まれたばかりの赤ちゃんは、お母さんがいなければ、久しからずして、必ず死ぬ。私たちも同じだ。お釈迦さま、あなたはどうして私たちを見放し捨てて、ひとりで行ってしまったのか。

「涅槃講式」には、お釈迦さまを思慕する明恵上人の痛切な悲しみが満ちている。

しかし、「涅槃講式」はそれだけでは終わらない。

さあ、船に乗り、悟りの世界、幸せの世界へ向かおう。船を浮かべるのは涙の海。亡くなったお釈迦さまを恋い慕い、流した涙でできた海に船を浮かべる。そして正しい信心の帆をあげ、渇仰《かつごう》の息の風で進んでいく。

悟りへ向かうには悲しみが必要だと明恵上人は考えていたのだろう。悲しみこそ悟りへ向かう原動力。二千五百年前の悲しみを追体験する涅槃会は、悟りへの道の出発点でもあった。

『華厳経』には「衆生《しゅじょう》をして憂悲感慕《うひかんぼ》せしめんと欲《おも》ふが故《ゆえ》に涅槃を示現《じげん》す」とある。

お釈迦さまは、みずからの死を通して人々に深い悲しみを与え、その悲しみの力によって、人々が悟りへの道を歩みだすよう願いつつ、この世を去ったのである。

（２０１６年2月17日）

花あかり

かつて、奈良にも花街《かがい》があった。いや、本当は今もあるのだけれど、信じられないほど多くの芸妓《げいこ》さんが行きかう華やかな花街が、かつて奈良にあった。

それは、猿沢池の西に位置する元林院《がんりんいん》。

明治5年（1872）、元林院に遊郭を作る許可が出た。そして明治27年（1894）には、近隣にある木辻の遊郭とすみ分けをするために、元林院を「芸妓本位」の花街とした。

遊郭＝色町には体を売る娼妓《しょうぎ》がおり、花街には芸妓《げいぎ》がいた。芸妓は舞や三味線などの芸事に生きる女性であり、体を売ることはなく、単なる酒の相手でもなかった。

明治23年（1890）、奈良と王寺との間に鉄道が開通した。明治25年（1892）には奈良〜王寺〜湊町が、明治29年（1896）には奈良〜京都が開通した。

鉄道は偉大だった。鉄道に乗って人々は奈良に来た。大正3年（1914）には、奈良と大阪の上六との間に電車（のちの近鉄）が開通し、流れはさらに加速した。

明治20年代には奈良公園が現在のような姿に整備された。明治28年（1895）には帝国奈良博物館（現在の奈良国立博物館）が開館した。

こうして誕生した「国際遊覧都市」奈良で、元林院は大いに栄えた。

大正15年（1926）には、元林院の芸妓が春日神社（現在の春日大社）に大きな榊を奉納する「真榊《まさかき》奉納行事」が始まった。

これは奈良女子高等師範学校教授の水木要太郎が企画立案したもので、2月3日の節分の日に、真榊を乗せた車を大勢の芸妓が春日神社まで曳いて行き、そのあと「林《りん》檎《ご》の庭」で神楽《かぐら》を奉納した。この真榊奉納は、春日神社の年中行事にも組み入れられてたいへんな人気を呼び、境内には参拝者が満ちあふれて身動きもできないほどだったという。

しかし、昭和14年（1939）に「時局柄《じきょくがら》」という理由で取りやめとなり、元林院の芸妓が春日神社で舞うこともなくなった。それから67年が過ぎ、ひとりの芸妓さんが、久しぶりに春日大社の林檎の庭で舞を奉納した。菊乃さんである。

昭和40年代から、各地の花街と同じように、元林院は衰退に向かう。地元の奈良でさえ、その存在が忘れられかけている元林院の花街。菊乃さんはその復興をめざしている。

2月26日から28日まで、菊乃さんを中心にして「ならまち花あかり」というイベントが開かれて、京都や東京など各地の芸妓さんが奈良に大集合した。そしてみんなの

菊亀ちゃんと私

力を借りて、かつて行われていた「大和をどり」を再現した。

花街は、単に飲んで遊ぶ場所ではない。芸事を楽しむ風流な場所である。そして芸妓は、芸に生きることで美しい所作を身に着けた気品ある女性である。花街には日本の古きよき文化が生きており、だから訪れた人はそこで幸せになれた。

芸妓になる一歩手前の存在が舞妓《まいこ》である。元林院には昨秋デビューしたばかりの菊亀ちゃんという舞妓がいる。とっても可愛くて応援したくなる。

花街における「花」とは芸妓のこと。元林院に賑わいが戻り、ふたたび花あかりが灯る場所になってほしいものだ。

（2016年3月2日）

生きる

東日本大震災から5年が過ぎたが、忘れられないことが多い。あの年の5月23日、被災した女子大生からの相談が、ある新聞に掲載された。あの日、祖母と一緒に逃げたが、祖母は坂の途中で坐り込み、「もう走れない、ひとりで逃げろ」と促した。「背中に乗って」と私は言ったが、祖母は聞き入れず、結局ひとりで逃げた。３日後、祖母は遺体で見つかった。祖母を見殺しにした自分を呪う。私はこれからどのように生きたらいいのか。

この相談に回答した医師は「誇りを持って生を全うしたお祖母さんの素晴らしさは、あなたに受け継がれている」と書いた。

半年後、ある雑誌に、僧侶が「この回答は彼女の救いにはならない、私ならこう答える」と前置きし、次のように書いているのを見た。

だいじょうぶ、お祖母さんはちゃんと仏さまの世界におられて、阿弥陀さまと一緒に私たちのことを案じ、見てくださっていますよ。そしてあなたがこの世でいのちを生き抜いたときに、必ずお迎えを頂戴し、仏さまのもとに生まれて、大切な方とまた

津波の跡（気仙沼／2012・10・12　著者撮影）

会うことができますよ。そのためにはお念仏をお称《とな》えして、仏さまと心を通わせてまいりましょう。

この文章を読んだ年末から年始にかけて、私はそのことばかり考えていた。

なぜ彼女は新聞に手紙を書いたのだろうか。きっとそれまでの回答に強く心ひかれた体験があったからだろう。だからこそ彼女は、身内には語れない重い悩みを他者に打ち明けた。

そのとき彼女は、無意識のなかで、どのような回答を求めていたのだろうか。

回答者はこんなふうに語っている。読んだ当初は凍りつきました。しかし「孫娘だけなら助かる」と判断し、孫をひとりで行かせたお祖母さんは、その人らしい生き方をしたのだと思い、あのように回答しました。

この記事には大きな反響があった。これを読んだ多くの人々から手紙が届き、そこには「お祖母さんはあなたを救えて幸せだった」「私もあなたのお祖母さんと同じことをするだろう」などと書かれていたそうだ。

もしも回答者であったなら、私はどんな言葉を彼女にかけてあげただろうか。いくら考えても、私には何も思いつかない。

彼女のお祖母さんは、時間が戻り（ああ、本当に時間が戻るのなら……）、もしも同じ状況になったならば、きっとまた同じことをするのだろう。

そして、この女子大生は、何十年かが経って、もしも同じ状況になったならば、お祖母さんが自分にしてくれたのと同じことを、きっと孫娘に対してするのだろう。

年が明けて、皇后陛下のお歌が紹介された。

「生きてるといいねママお元気ですか」文《ふみ》に項傾《うなかぶ》し幼な児眠る

行方不明のお母さんに「生きてるといいね。ママお元気ですか」と手紙を書きながら寝入ってしまった小さな女の子。そしてお祖母さんを失った女子大生。

5年が過ぎて、彼女たちは、今どのような日々を送っているのだろうか。

（2016年3月16日）

不退寺

不退寺《ふたいじ》を初めて訪れたのは30年ほど前のことである。

その時の印象を、私はこんなふうに書いている。「南門をくぐると、突然に別世界へ入り込んだような不思議な思いにとらわれる」。

それは今も変わらない。何度行っても、いつ行っても、門をくぐって境内に入ると、不思議な思いにとらわれて、私はそこで足を止める。

四季それぞれに季節の花が咲き乱れる美しい庭。その突き当りに、形のよい大きな本堂が、私を誘うように建っている。

不退寺は平安時代の初めにできた。すでに千二百年近い長い歴史があるが、奈良時代に創建されたお寺が多い奈良のなかでは、比較的新しいお寺とも言える。

都が京都に遷ったのちに、もう一度、都を奈良へ戻そうとした人がいた。奈良が大好きだったその人の名は、平城《へいぜい》天皇。退位していたので正確には平城上皇である。天皇のお名前は、亡くなってから、その生涯にふさわしい名が付けられる。平城京へ都を戻そうとした天皇だから、平城天皇と命名された。

平城還都の試みは失敗に終わったが、ご本人はその後も奈良に住み、奈良で亡くなった。お墓も奈良にある。平城上皇がお住みになった御所、平城宮跡の東にあった御所を、のちに孫が寺に造り替えた。それが不退寺である。孫の名は在原業平《ありわらのなりひら》という。『伊勢物語』の主人公とされる、色男のあの業平である。六歌仙のひとりで、「ちはやぶる神代《かみよ》も聞かず龍田川からくれなゐに水くくるとは」の歌はよく知られている。

寺伝によれば、業平は伊勢神宮に参拝し、天照大神《あまてらすおおみかみ》から鏡を授かる。業平は平城上皇の萱葺《かやぶ》きの御所を寺に改め、みずから刻んだ観音菩薩像と神鏡を祀《まつ》った。そしてすべての衆生《しゅじょう》を幸せにするため「法輪を転じて退かず」と決意し、寺の名を「不退転法輪寺（略して不退寺）」としたという。

本堂に入ると、中央に観音菩薩、その周囲に五大明王が並んでおられるが、寺伝のように、向かって右側に伊勢神宮の社殿が奉安されているのが珍しく、神仏習合の姿を今に伝えている。

観音菩薩はお顔の左右に大きなリボンを付けているのがかわいい。五大明王（不動明王、降三世《ごうざんぜ》明王、軍荼利《ぐんだり》明王、大威徳《だいいとく》明王、金剛夜叉《こんごうやしゃ》明王）は穏やかで品がある。私が好きなのは軍荼利明王で、胸の前で手を交差させる軍荼利明王を拝するたびに、「祇園小唄」を舞う舞妓さんの姿を思い出して微笑ましくなる。

向かって左側には、業平の父の阿保《あぼ》親王の像が祀られている。拝見したことはない

不退寺の本堂

が、平城天皇の像や阿保親王の妃である伊都《いと》内親王の像も安置されているそうだ。
業平の画像もある。右手に筆、左手に紙を持って、歌を思索する姿で描かれている。
平城還都はならず、平城上皇は失意の人生を送った。阿保親王は九州に左遷された。業平は数奇な人生を送った。でも千二百年が過ぎて、こんなふうに、平城上皇ファミリーが、奈良で一緒に仲良くお祀りされているのを知ると、なんだかホッとする。

（2016年4月13日）

希望

会津《あいづ》（福島県）に行った。伊丹空港から出発した関西グループと、東京から出発した首都圏グループは、JR郡山駅で合流した。総勢32名。

ところで、私たちよりおよそ1250年も早く、奈良から会津へ向かった僧がいた。徳一《とくいつ》である。徳一は奈良の都で法相宗《ほっそうしゅう》を学ぶが、二十歳ころ、なぜかみちのくの会津へ向かう。理由はわからない。流されたのだとも言われる。のちに弘法大師空海が徳一に出した手紙には、「徳一菩薩《ぼさつ》」とあり、徳一が生前から仏さまのように慕われていたことがうかがえる。

徳一が創建したという寺は、福島県から茨城県にかけて、200近くも知られているが、その多くが大同2年（807）に創建されたと伝えられている。

それは、会津の磐梯山《ばんだいさん》が大噴火したとされる翌年にあたっている。大噴火が事実なら、大量の岩と灰が降り、ガスが満ちて、会津は壊滅的な状況に陥ったことだろう。

そのとき徳一は、人々の記憶に強く残る何かをなしたに違いない。その結果、徳一の名は、多くの寺々の縁起に書き留められることになった。徳一は何をしたのか。何ができたのか。そして２０１１年3月11日以降、私たちは何をしたのか。何ができたのか。

4月24日、福島県立博物館で、会津の過去・現在・未来を語るシンポジウムが開催された。語り合ったのは、会津電力社長の佐藤彌右衛門《やうえもん》さん、福島県立博物館長の赤坂憲雄さん、そして私。彌右衛門さんの本業は造り酒屋だが、震災後、自然エネルギーへの転換をめざし、仲間と会津電力を立ち上げた。

「あの震災によって、たくさんの人たちとの新たなつながりが生まれた」と彌右衛門さんは熱く語り、赤坂さんは「それは〈希望〉ですね」と噛みしめるように言った。

恵日寺《えにちじ》や勝常寺など、会津にある徳一ゆかりのお寺を巡礼したあと、私たちは慰霊法要のために東へ向かった。バスのガイドは三瓶成子《さんぺいしげこ》さん。ゆったりとしたやさしい会津弁の心地よい語りに聞きほれ、深く癒された。

バスは飯舘《いいたて》村、南相馬市小高《おだか》区、浪江町《なみえまち》を走る。普通の生活を送る人の姿を見ることはほとんどない。放射能の除染作業をする人々や、剥ぎ取られた表土を詰めた無数の黒い袋が整然と並ぶ、異様な光景ばかりが目に入る。しかし、どの場所においても花が美しかった。山桜、桃、木蓮、菜の花、すみれ。季節が来れば、季節の花が咲く。

慰霊法要をおこなう小高区にも巨大な津波が襲い、大勢の人が亡くなったと聞いた。現在、海岸線に沿って巨大な堤防の建設工事が進み、除染作業も続いている。

法要は、海の見える場所を選んでおこなうことにした。導師は、薬師寺の僧で喜光寺副住職の高次喜勝《たかつぎきしょう》さん。

まず地面にシートを敷く。そして喜勝さんが横に倒したスーツケースに布をかけて台にし、その上に小さな薬師如来像を安置した。

慰霊法要が始まった。目の前では、除染作業中の車が、忙しそうに動き回っている。その向こうには、穏やかな青い海。喜勝さんは、お経を唱えながら、何度も涙をぬぐった。

（2016年4月27日）

信貴山

信貴山は奈良県生駒郡平群町《へぐりちょう》に位置し、奈良と大阪を分ける山である。

信貴山と言えばまず寅《とら》（虎）を思い出す。蘇我馬子と物部守屋の戦いの折、蘇我氏の側で参戦した聖徳太子が祈ると、この山に毘沙門天王《びしゃもんてんのう》が現れたという。だから信貴山は毘沙門天王の聖地、「信ずべき貴ぶべき山」である。毘沙門天が出現したのが、寅の年の寅の日の寅の刻だったところから、寅がシンボルになり、阪神タイガースの選手が必勝祈願にお参りすることでも知られている。この信貴山にあるお寺が朝護孫子寺《ちょうごそんしじ》で、絵巻の最高傑作として名高い国宝の「信貴山縁起絵巻」を所蔵している。

「信貴山縁起絵巻」は「山崎長者巻《やまざきちょうじゃのまき》」「延喜加持巻《えんぎかじ》」「尼公巻《あまぎみ》」の3巻からなり、朝護孫子寺の基礎を築いた平安時代の命蓮上人《みょうれんしょうにん》をめぐる3つの奇跡の物語を描いている。

「山崎長者巻」は「飛倉巻《とびくら》」の名でも知られ、命蓮が空を飛ぶ鉢を使って米倉《こめぐら》や米俵を飛ばす奇跡を描く。「延喜加持巻」は、命蓮が醍醐天皇の病気平癒のために信貴山で祈禱をおこない、その証《あかし》として剣鎧《けんがい》童子（剣を身にまとう童子）が宮中に飛来する奇跡を描く。「尼公巻」は、信濃に住む尼公（命蓮の姉）が東大寺の大仏さまのお告げによって信貴山へ向かい、命蓮と再会する奇跡を描く。

通常、絵巻では、時間は右から左へ流れるが、この絵巻は時間を自由に使っており、米俵を乗せて鉢は自在に飛び、剣鎧童子は雲に乗って逆方向に空中を疾駆する。

現在、奈良国立博物館ではこの3巻の絵巻の全場面（合わせて35メートル）を初めて同時公開している。すべての場面を見ることで、改めて「信貴山縁起絵巻」の魅力と楽しさを実感できた。

この特別展を担当した谷口耕生《こうせい》さんが書いた図録の総説が素晴らしい。

建久元年（1190）に後白河法皇が計画した南都巡礼は、四天王寺から信貴山を経て東大寺へ向かうものだった。大和の霊山としての信貴山、聖徳太子が創建した四天王寺とのつながり、東大寺大仏とのつながりなど、広く深い信仰世界を解き明かした谷口さんは、絵巻の彩色技法、筆致《ひっち》、画面構成、景観年代などを分析し、後白河法皇が「信貴山縁起絵巻」を制作させたと結論づける。

信貴山へ行ったら、本堂だけではなく、剣鎧護法堂にもお参りしてほしい。醍醐天皇の病気平癒の祈禱のあと、信貴山から京都へ空中を駆けた剣鎧童子。剣鎧護法堂は病気平癒の信仰の場で、お堂の前にたたずんでいると、風が吹き渡り（剣鎧童子が駆け抜け）、すがすがしい気持ちになる。そこから見上げる本堂の姿も美しい。

本堂に参拝したあと、余力があれば、山頂にある空鉢《くうはつ》護法堂にもお参りしてほしい。

朝護孫子寺

米倉や米俵を乗せて飛んだ不思議な鉢。鉢を飛ばす「飛鉢《ひはつ》法」という密教の秘法があるそうだ。空鉢護法堂は龍王（蛇）の信仰の場で、「一願成就」の霊験があると聞く。鉢が飛ぶのは実は龍王の力によるらしい。山頂に至る途中には、松永久秀《まつながひさひで》が築いた信貴山城の跡がある。

（2016年5月18日）

鈴の音

きょう6月15日は私の誕生日。私が生まれた年の6月15日は、旧暦の5月5日、端午の節句に当たっていた。

端午の節句は男の子の節句で、男の子の健《すこ》やかな成長を祈るさまざまな行事がおこなわれる。その日に元気な男の子が生まれたので、とても喜ばれたらしい。その頃はまだ旧暦が生きていた。私を取り上げたお産婆さんは「ぼんの大将、どうだすで」と言っては、それからも何度も訪ねて来てくれたそうだ。

私は鳴門（徳島県）で生まれた。父が徳島大学に奉職することになり、東京から引っ越して来て、すぐに生まれた。9年後、伊勢に皇学館大学が再興された。神道史が専門の父に声がかかり、私たちは伊勢に引っ越した。

昨秋、この連載をまとめて単行本にしたことはすでに記したが、つい先日「神社新報」にその紹介文が掲載された。

❖

恩師から本を戴いた。西山厚先生著『語りだす奈良118の物語』という。

著者の御父上・西山徳《いさお》先生は、恩師の恩師にあたる。（中略）昭和三十七年からは、神職であった父君の志を継いで皇学館大学で教鞭を執られていた。そんな徳先生の講義について恩師は、「御鈴のように透きとおった綺麗な美しいお声でご講義されました。私語する学生一人もいない、静かで凛としたお声が教室の隅々にまで響き渡り、素晴らしい九十分でした」と送付状に記している。

本著を読み進めてゆく時も、やはり鈴の音のように心地よい。（中略）著者の明るく生き生きとした言葉の一つ一つが鈴の音のように心に響いてきて元気をいただける一冊だ。

❖

21年前に亡くなった父のことを、こんなふうに覚えていてくれる人がいる。胸がいっぱいになった。そう言えば、父は鈴が好きだった。勉強机の上には、いつも鈴が置かれていた。

ところで、中宮寺に伝わる天寿国繍帳《てんじゅこくしゅうちょう》は、聖徳太子の死を悼《いた》む妃《きさき》の橘大郎女《たちばなのおおいらつめ》が、祖母にあたる推古天皇に頼んで制作させたもので、その中には400文字が刺繍で表わされていた。

この天寿国繍帳は所在がわからなくなった時期があり、鎌倉時代に信如《しんにょ》という中宮寺の尼が、法隆寺の蔵のなかで発見する。

天寿国繍帳

中宮寺は、聖徳太子の母（穴穂部間人皇女《あなほべのはしひとのひめみこ》）が住んだ宮を寺にしたと伝えられる。しかし、穴穂部間人皇女の忌日がわからず、天寿国繍帳にその記載があることを知った信如は、懸命に探していた。

ある時、ひとりの尼が、天寿国繍帳は法隆寺の蔵にあるという夢を見る。さっそく信如は法隆寺に、蔵に入れてほしいと頼んだ。その蔵は特別に大切な蔵で、だから開けることはめったにないのだが、しばらくしてたまたま盗人が入り、そのために内部の点検をすることになって、信如は入ることを許された。しかし、見つからない。

やがて時間が来てしまい、法隆寺の僧から出るように促された信如は、泣きながら出口へ向かった。そして、通路の途中にあった舞装束を入れた箱を押しのけた。

その時、「カラリ」と鈴の鳴る音がした。箱をあけると、そこに天寿国繍帳があった。鈴の音で天寿国繍帳は見つかった。それは単に鈴が付いていたからというだけではなく、鈴の音がもつ不思議な力を物語っているのだと思う。

（２０１６年６月15日）

道昭

文武天皇4年（700）、ひとりの僧がこの世を去った。

僧が住んでいる建物からよい香りがしてくるので、不思議に思った弟子たちが行ってみると、坐ったまま、僧はすでに亡くなっていた。

遺言に従って火葬にした。火が消えて、親族と弟子が争うように遺骨を拾おうとしたところ、強い風が巻くように吹き、風がやんだあとには、灰も骨も残っていなかった。これほど見事な生の終わりはめったにないだろう。

僧の名は道昭《どうしょう》という。道昭は25歳で唐へ渡り、玄奘三蔵《げんじょうさんぞう》の弟子になる。玄奘は、『西遊記』の三蔵法師のモデルになった高僧である。

玄奘は道昭を見て、こんな話をした。昔、インドへ向かう途中、食べるものがなく、飢えに苦しんでいた。その時、ひとりの僧が現れて、梨の実をくれた。それを食べると、気力が満ちた。汝《なんじ》は、あの時、私に梨の実をくれた僧だ。

玄奘は627年（あるいは629年）に唐からインドへ向かい、多くの経典をもって645年に帰国する。玄奘と道昭が出会ったのは、その8年後のことだった。

帰国した玄奘は、インドから持ち帰った経典の翻訳に打ち込む。玄奘が翻訳した大量の新しい経典によって、中国の仏教は大きく変化していくが、道昭はそういう時期の玄奘と出会った。

玄奘の勧めで道昭は慧満禅師《えまんぜんじ》に師事し、禅を学ぶ。中国に禅を伝えたのは達磨大師《だるまだいし》。その弟子が慧可《えか》。その弟子が僧那《そうな》。その弟子が慧満。慧満は二本の針しか持たず、冬は布を乞うて着物を補い、夏はこれを捨てた。常に托鉢して、同じ場所に宿ることはなく、坐って亡くなった。

道昭が日本へ帰る時、玄奘はすべての経典と舎利を道昭に授けてくれた。道昭は泣きながら師と別れた。

帰国した道昭は、飛鳥の法興寺（飛鳥寺）の東南の隅に禅院を建てて住んだ。そして多くの弟子が道昭に禅を学んだ。日本に初めて禅を伝えたのは道昭である。

のちに道昭は禅院を離れて各地を巡り、井戸を掘り、港を整備し、橋を架けた。奈良時代に同じようなことをした行基《ぎょうき》は、道昭の弟子である。

十数年後、「僧尼《そうに》は常に寺内に住み、三宝《さんぼう》を護《まも》れ」という天武天皇の詔《みことのり》を承《う》け、道昭は禅院に戻り、そこで亡くなった。72歳だった。

やがて都が奈良に遷ると、飛鳥の法興寺は奈良に遷って元興寺になる。法興寺の東南の隅にあった禅院は、本寺よりも先に奈良に遷り、禅院寺という別の寺になった。

飛鳥寺を西方から見る（写真の上方に禅院があった）

禅院寺はたくさんの経典を所有していた。その経典の文字は美しく、誤りもなかった。すべて道昭が玄奘から授けられ持ち帰ったものだった。

奈良時代は、仏教の力で国を護り、みんなを幸せにしようとした時代である。そのためには誤りのない経典が必要で、経典を書き写すために国立の写経所が設けられたが、禅院寺の経典は、書き写す際の底本《ていほん》（拠《よ》り所になる本）になることも多かった。

禅院寺は、今はもうない。奈良市の三条大路5丁目の交差点の東南にファミリーレストランがあるが、そこが禅院寺の跡である。

（2016年6月29日）

糸野の御前

建仁3年（1203）正月、糸野《いとの》の御前《ごぜん》は明恵上人《みょうえしょうにん》に語りかけた。「我は春日《かすが》明神《みょうじん》なり。汝《なんじ》を糸惜《いとお》しく思う。遠くへ行ってはならない」

鎌倉時代に、本当の仏教、あるべき姿の仏教を追い求めていた明恵は、お釈迦さまの国である天竺《てんじく》（インド）へ行こうとしていた。その時、糸野の御前に、春日社（現在の春日大社）の神が憑《つ》いた。

糸野の御前の様子は普通ではなかった。色はいつもにも増して白く、ほとんど透き通るように見えた。声は優雅で哀愁に満ち、全身から不思議な香りが漂っていた。彼女はまばたきもせずに明恵を見つめ、語り続けた。言葉を出しているのは糸野の御前ではなく、彼女に憑いた春日明神だった。明恵は礼拝《らいはい》し、「お詞《ことば》には違越《いおつ》いたしませんと誓った。

やがて春日明神は言った。「久しく時が過ぎました。罷《まか》り去りましょう」。この時、糸野の御前は明恵を横抱きにすると、明恵と顔を合わせ、「糸惜しく思い奉り候なり」と言って涙を流した。明恵も声をあげて悲泣し、「今しばらくここにいてほしい」と懇願した。この様子を見た人々は、哀傷に堪えず泣き叫んだ。

春日明神が去ると、明恵は茫然自失の状態だった。この時、春日明神はまたも降臨した。糸野の御前は言った。「ここにいる。ここにいる。」悲泣哀傷の音が耳に留まり、引き止められるように窓から降《くだ》った」

明恵は応じた。「私が生を受けた時に、釈尊（お釈迦さま）はすでにこの世にはなく、天竺から遠く離れた辺地に生まれたので、釈尊の説法をお聞きすることも、天竺の御《ご》遺跡《ゆいせき》を拝することもできません。私は釈尊に捨てられたみなしごです。この嘆きは肝《きも》を摧《くだ》き、恨みは晴れることがありません。せめては天竺の御遺跡を拝し、釈尊の滅後に生まれた恨みを休めようと、天竺への旅を企てたところ、ここに降臨なされ、慇懃の御教訓を頂戴いたしました。これを釈尊の形見とし、滅後の恨みを休ませたいと思います」

糸野の御前の顔に哀愁の色が浮かんだ。彼女は右手を伸ばして明恵の頭を撫でた。

糸野の御前は子どもの頃から感じやすい性質だった。物の怪《け》に取りつかれることも多かった。そのような彼女を、明恵はたびたび救っている。

一方、明恵は糸野の御前の夢を何度も見ている。たとえば、危ない岩場を、手を取りながら、重なり合うようにして一緒に越えていく夢。

ふたりは引かれあっていたのだと思う。引かれあうといっても、ふたりは僧侶と檀《だん》

「春日権現験記」（春日大社所蔵）より

越《おっ》（支援者）の関係だった。

これが本当に春日明神の託宣であったのかどうか、私にはわからない。糸野の御前の、本人も気付かない深い心の奥の声だったのかも知れない。私にはどちらでもよい。明恵は天竺へ行くことを断念し、春日社へ参詣する。

明恵を抱きしめ、明恵を見つめ、糸野の御前は「糸惜しく思う」と言って涙を流した。明恵も声をあげて泣いた。

このような美しい男女の姿を歴史のなかに見出すのは、ほとんど奇跡のような気がする。

（2016年7月13日）

我は汝を捨てず

平安時代に教懐《きょうかい》という僧がいた。興福寺で学び、のち小田原（木津川市加茂町／浄瑠璃寺の近く）に隠遁し、70歳ころに高野山へ移った。教懐は念仏信仰の人で、教懐の周辺には念仏聖《ひじり》の集団が形成されていく。

しかし、やがて教懐は、腰の病気で立ち上がることができなくなってしまう。

教懐は元気だった昔を懐かしむ。興福寺にいた頃は春日社によくお参りしたものだ。

「春日大明神《かすがだいみょうじん》、この病を癒してください」と祈っていると、ある日、夢に高貴な女性が現れて告げた。

「汝《なんじ》は我を捨つれども、我は汝を捨てず」

この女性は春日大明神、春日の神様だった。言い終わると雲に乗って飛んで行ってしまうが、目覚めると、教懐の腰は治っていた。

「我は汝を捨てず」。これは春日の神様の決めゼリフだ。

江戸時代までは、春日大社は春日社と言った。春日社には4つの社殿が寄り添って建っており、第一殿には武甕槌命《たけみかづちのみこと》、第二殿には経津主命《ふつぬしのみこと》、第三殿には天児屋根命《あめのこやねのみこと》、第四殿には比売神《ひめがみ》が祀《まつ》られている。そして平安時代に天児屋根命と比売神との間に若宮が誕生した。このような春日の神々の総体（単体でも）は、春日明神（春日大明神）あるいは春日権現《ごんげん》と呼ばれた。

鎌倉時代には春日の神々の霊験《れいげん》を表わした絵巻が制作された。これが「春日権現験記」二十巻である。

この絵巻を1巻目から順に読み解く講座を昨年の1月から続けており、今年の9月に最終回を迎える。会場の奈良市中部公民館はいつも超満員で、この連続講座がついに終わってしまうのかと思うと、さみしくなってくる。

写真は絵巻の一場面で、高貴な女性が教懐に決めゼリフを言っているところ。神様のお顔を見てしまうのは失礼なので、うしろ姿を描いている。髪が長い！

興福寺に壹和《いちか》という僧がいた。維摩会《ゆいまえ》の講師《こうじ》になれず、失意のうちに興福寺を去って尾張国（愛知県）へ向かう。そして熱田社（熱田神宮）に参詣すると、巫女《みこ》が現れて「汝は我を捨つといえども、我は汝を捨てず」と告げた。

この巫女は春日大明神だった。壹和のために尾張国まで来てくれたのだ。かたじけなさに涙を流しながら興福寺に戻った壹和は、その翌年、維摩会の講師となる。

わけあって興福寺を去り、東国に住んだ僧がいた。ある秋の夜、美しい月を見ながら春日社を思い出し、涙を流していると、春日大明神が飛来して「汝は我を離るれど、

我は汝を捨てず」と告げた。

絵巻では、衣冠束帯《いかんそくたい》姿の男性が中庭の松の枝の上に立っている様子が描かれている。

ある女性が地獄に堕ちた。閻魔《えんま》王の前に引き立てられ、怖くて震えていると、気高き童子が現れた。そして閻魔王に向かい、彼女が興福寺の僧の母だった。興福寺の僧を養育した女性であり、それは私にとっても功あることになると言ってくれた。

この童子は春日大明神だった。仰せを拝聴した閻魔王は彼女を蘇生させる。春日の神様は地獄に堕ちた人も助けてくれるのである。

我は汝を捨てず。春日の神様の言葉は力強い。


（2016年7月27日）

慈悲が過ぎた

奈良国立博物館で、特別展「忍性《にんしょう》」が開催されている。良観房《りょうかんぼう》忍性は、苦悩する人々の救済に生涯を奉げた鎌倉時代の僧。生きた仏様として尊崇された人なのに、残念ながらほとんど知られていない。

私は40年前から、忍性とその師である叡尊《えいそん》について、さまざまに考えてきた。特別展の内覧会の日、この展覧会を担当した学芸部の吉澤悟さんに出会ったら「本来なら西山さんがやるべき展覧会を、私ごときが担当してしまい、申し訳ありません」と謝られてしまったが、実際には、吉澤さんらしさが随所にみられる魅力的な内容になっている。

叡尊と忍性はハンセン病の人々の救済に力を尽くした。ハンセン病は、世界中で差別を受けてきた病である。病が重くなると歩けなくなる。人通りの多い場所まで出ていかないと食べ物を恵んでもらえないので、病人は死ぬ。

鎌倉時代に編纂された『元亨釈書《げんこうしゃくしょ》』によれば、忍性はハンセン病の患者を背負い、街まで送迎することを続けた。やがてその病人は「必ず生まれ変わり、次は師のお役に立ちます」と言い残して亡くなったという。ここまでできる人が他にいるだろうか。

宝治元年（１２４７）、叡尊は、忍性を含む８人の仲間と一緒に誓いを立てる。

「本師往昔《おうせき》の誓願に学び、穢悪《えあく》充満の国土に処して、恒《つね》に仏刹擯棄《ぶっさつひんき》の衆生《しゅじょう》に対して利《り》益《やく》安楽の方便を設け、無仏の国において大饒益《にょうやく》をなさん」

本師はお釈迦さま。仏刹は浄土。擯棄はしりぞけ捨てること。饒益は豊かな利益。

かつてお釈迦さまは、用意されていた浄土には行かず、苦しみに満ちた私たちの世界に来てくださった。今度は私たちが同じことをする番だ。

叡尊は続ける。

「しかれども、随喜の人ははなはだ稀《まれ》にして、嘲弄《ちょうろう》の輩《ともがら》はもっとも多からん」

叡尊たちは、自分たちが行く道が苦難の道であることをよく知っていた。

やがて忍性は奈良から鎌倉に移る。「無仏世界」の人々を救うためだった。

忍性は83の寺、１８９の橋、71の道、33の井戸、５つの浴室、５つの病院などを造った。病院ではみずから問診をおこない、飢饉の際には飢えた人々に粥を支給した。

しかし、同時代の日蓮は、忍性を非難した。忍性は港を維持管理して、入って来る船から使用料を取った。そのお金で道を造り、通行料を取った。そのお金で橋を架け、通行料を取った。忍性の社会事業・福祉事業は、このようにして持続可能となった。日蓮は「かへって人の嘆きなり」と忍性を非難している。

忍性が住んだ鎌倉の極楽寺

師の叡尊は、忍性を「慈悲が過ぎた」と評した。

「良観房（忍性）は慈悲が過ぎたと申して、常には某《それがし》は申し候ひしかども、本性と性に受けて慈悲が候ひし間、されば多くある同法の中にもあれにまさる益も候はず。これ偏《ひと》へに慈悲の故なり。大体、所願成就したる躰《てい》に候ぞかし」

これは非難ではない。忍性ほど成果をあげた者はいないと叡尊は断言している。

叡尊は、鎌倉幕府の有力者からの荘園寄進の申し出を断った。忍性は受けた。

抑えがたい慈悲の想いゆえに、忍性はどこまでも進む。ハンセン病の患者を背負って歩いた若き日の忍性。忍性は、終生、あの時の忍性のままだった。


（2016年8月10日）

仏教よもやま話

ＮＨＫ奈良放送局の夕方の人気番組「ならナビ」に私のコーナーがある。「西山教授の仏教よもやま話」である。

月に1回か2回、荒木美和アナウンサーと二人で、いろんなお寺を訪ね、さまざまに語り合う。二人のやりとりはぶっつけ本番なので、相手が次に何を言うのか、お互いにわからない状態で進行していく。だから、思いもよらぬ反応に大笑いしたり、前もって準備していたのでは決して作れない表情になったりして、楽しく新鮮な時が流れる。

放送は一昨年の5月から始まり、これまでに、璉珹寺《れんじょうじ》、霊山寺《りょうせんじ》、西大寺（2回）、笠置寺、海住山寺、海龍王寺、五劫院、中宮寺、法輪寺、福智院・十輪院（合わせて1回）、元興寺、大安寺、新薬師寺、塔跡（!）、達磨寺、不退寺、信貴山朝護孫子寺、室生寺、矢田寺、秋篠寺（2回）、白毫寺《びゃくごうじ》を紹介した。

荒木さんはとてもきれいな人で、それに加えて不退寺の収録の時から着物姿になったので、美しさがますます際立ってきた。だから「いつも美女と一緒でよろしいな」

と、うらやましがられている。

訪ねるお寺は、もちろん何度も行ったことのあるお寺ばかりだが、こんなふうにして訪ねると、思いがけない発見があったり、今までさっと通り過ぎていた部分を深く感じたりすることもある。

法輪寺の三重塔は、飛鳥時代の塔としてよく知られていたが、昭和19年（1944）に落雷で焼失し、昭和50年（1975）に再建された。

焼けた時の写真を拝見し、先代と現在の住職さんから再建に至るご苦労をうかがったあと、塔を見ながらコメントして終わるという番組構成になっていたが、塔を見上げているうちに、思わず涙を流してしまった。

秋篠寺は2回に分け、1回目は塔跡・本堂・伎芸天像、2回目は大元帥明王《たいげんみょうおう》像と香《こう》水《ずい》閣を紹介した。

秋篠寺と言うと静かなイメージがあるが、髪を逆立てた恐ろしい姿の大元帥明王が国家を鎮護するお寺でもある。秋篠寺の静と動を紹介した構成が、おかげさまで好評だった。

大元帥明王は6月6日しか拝観できないので、その存在を知らない人が多い。収録の最後に荒木さんが「こんな仏様がおられたんですね、知りませんでした」としみじみしていたので、「護ってくれる存在は、知らないところにいるものなのかもしれませ

んね」と言ってみたら、その一瞬、荒木さんは目を見開き、究極の真理に出会ったような、輝くばかりの美しい表情をした。

そしてこの夏、荒木さんは東京へ転勤、7月11日の白毫寺での収録が、荒木さんとの最後の仕事になった。

白毫寺には地獄に住む閻魔《えんま》王の像があり、「えんまもうで」の行事で知られている。

しかし、白毫寺の本尊は、極楽浄土に住む阿弥陀如来。ここでは地獄と浄土は隣り合わせになっている。境内から（極楽浄土があるとされる）西に向かって奈良を一望しながら、そんな話をして、収録は終わった。

終わってから、スタッフも一緒に記念撮影。

9月からは、荒木さんに代わり、新口絢子《にぐちあやこ》キャスターと新しいコンビを組みます。ご期待ください。

（2016年8月31日）

山田寺とバッタ

6 4 9年3月25日、蘇我倉山田石川麻呂《そがのくらのやまだのいしかわまろ》は、妻子とともに、飛鳥の山田寺で自害した。

中大兄《なかのおおえ》皇子(のちの天智天皇)・中臣鎌足《なかとみのかまたり》(のちの藤原鎌足)と組んだ石川麻呂は、従兄弟《いとこ》にあたる蘇我入鹿を殺し、日本の政治を大回転させた。

しかし、その4年後、謀反を起こそうとしていると密告され、軍勢を差し向けられた石川麻呂は、抗戦することなく、山田寺の仏殿で自害した。

石川麻呂は無実だった。石川麻呂の娘(遠智娘《おちのいらつめ》)は中大兄皇子に嫁《か》したが、夫に父を殺されたことを知り、狂乱状態になる。そのためか、やがて生まれた皇子(建《たける》皇子)は言葉を話せず、幼いままに亡くなった。

山田寺は石川麻呂が建て始めた。石川麻呂の自害で造営は中断するが、数十年が過ぎた天武天皇の時代に、皇后の鸕野讃良皇女《うののさららのひめみこ》(のちの持統天皇)の助力もあり、ようやく伽藍が整った。鸕野讃良皇女は遠智娘の娘、石川麻呂の孫娘にあたる。

しかし山田寺はもうない。金堂と塔の基壇や礎石などが草むらの中に残るだけだ。

山田寺跡の草むらを歩いていると、トノサマバッタが次々に跳ぶ。私は宮崎駿さんのアニメ映画「風の谷のナウシカ」を思い出した。

高度な文明が滅んで千年。世界の大半は「腐海《ふかい》」におおわれ、人々は汚染された狭い土地で戦いに明け暮れていた。腐海は瘴気《しょうき》（毒ガス）を出す森で、人は住めず、体長が80メートルにも及ぶ王蟲《おうむ》など、巨大な虫たちが生息していた。

「風の谷のナウシカ」は、ナウシカという女の子が、たったひとりで世界を救おうとする、壮大な物語である。

虫と人は同じ世界には住めないのだよ。おとなたちは、ナウシカをきびしく諭《さと》す。しかし、人には馴《な》れないはずの動物とも心を通わすナウシカに、やがて王蟲も心を開く。「なんというたわりと友愛じゃ。王蟲が心を開いておる」。目が不自由な大婆様《おおばば》（原作では異民族の僧正）は、大気に満ちる友愛の感情を感じ取り、その奇跡に涙を流す。この場面は忘れられない。

私は一匹のトノサマバッタを捕まえた。まだ羽が生えそろっていないので、おとなにはなっていない。右手でそっと包むと、やがて親指と人差し指の間から顔を出し、親指の上に這《は》い出てきた。跳ぶかなと思って見ていたら、じっとしている。そして、ウンチをした！　尾の先から細長い大きな海松色《みるいろ》のウンチが出てきて、私の手の中にポトリと落ちた。

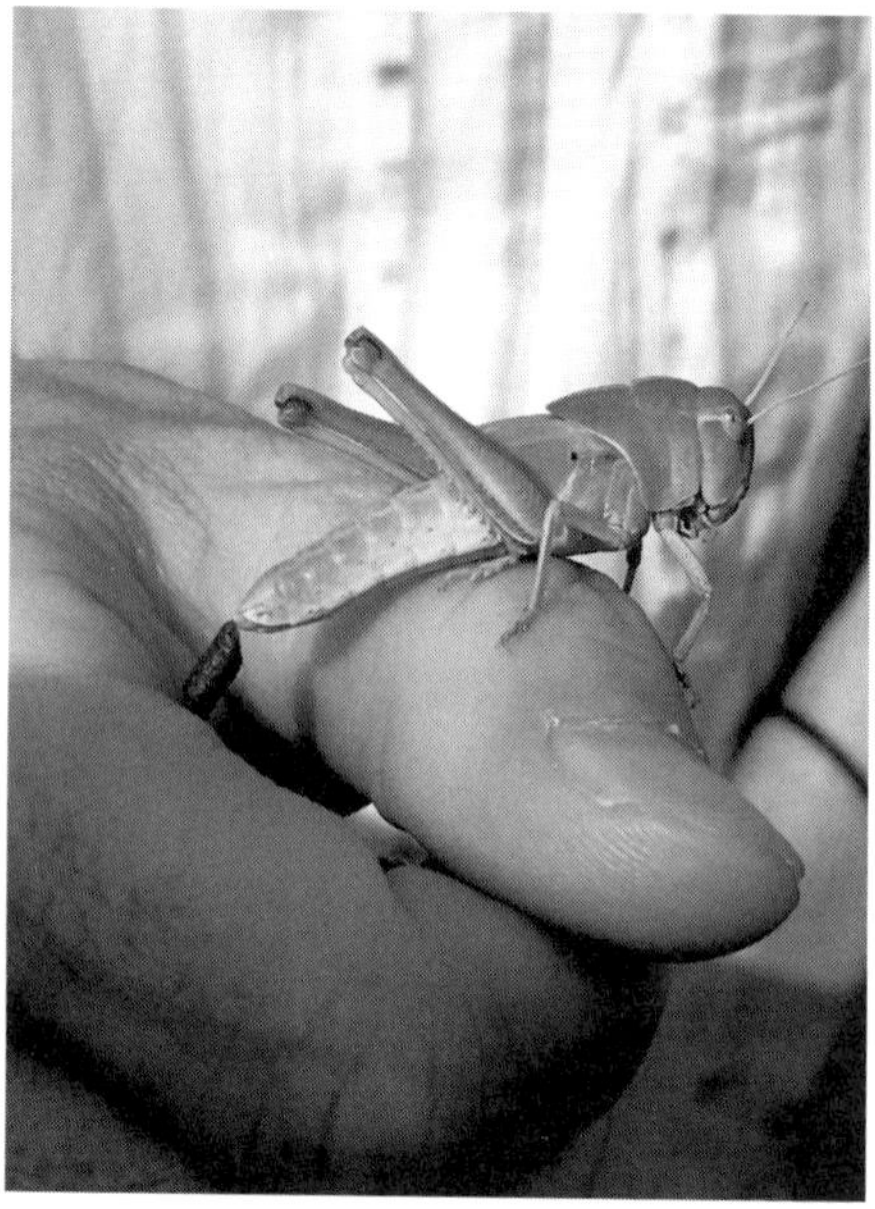

そうか、そのために跳ばなかったのか。さあ、これで、すっきりして跳ぶぞと思ったが、なぜだか、まだじっとしている。触角も動かさない。力を抜いて、とてもリラックスしているように見える。

私の親指の上で、ゆったり時を過ごすトノサマバッタ。私は指を動かさず、いつまでもずっと見ていたが、次第にトノサマバッタが心を開いているような気がしてきた。「王蟲が心を開いておる」という言葉を思い出した。

山田寺跡にいたわりと友愛を感じながら、私は石川麻呂のことを考えた。石川麻呂の亡魂よ、やすらかなれ！

（2016年9月14日）

當麻寺

當麻寺《たいまでら》は珍しいお寺だ。

本尊が仏像ではない。そしてお寺は南の門から入るのが普通だが、東の門から入る。しかし、初めはそうではなかった。當麻寺の本尊は仏像で、南の門から入った。

二上山《にじょうざん》の東麓にあたるこの地域には當麻氏という豪族がいて、當麻寺はその當麻氏の氏寺であった。壬申の乱で活躍し、天武天皇の葬儀においても重要な役割を果たした當麻国見《くにみ》が、天武天皇10年（681）に、現在の地に當麻寺を創建したと考えられている。

その当時の當麻寺には、南の門から入った。そして北へまっすぐ進むと金堂があり、さらにその北に講堂があった。古代の寺院の通例のごとく、當麻寺の伽藍《がらん》も南北のライン上に位置していた。本尊は、金堂の中央に安置された大きな弥勒仏《みろくぶつ》だった。土で造られたその弥勒仏は、今も當麻寺の金堂のなかで、南を向いて、静かにどっしりと坐っておられる。

奈良時代の後半、當麻寺に新しい本尊がやってきた。綴織《つづれおり》という技法で極楽浄土の様子を織り出した、4メートル四方の大きな織物だった。

極楽浄土は西方にある。東の門から入って西へ進むと、この極楽浄土図（當麻曼荼羅《たいままんだら》）にたどり着けるよう、伽藍の西奥に東を向くお堂が新たに建てられ、當麻曼荼羅はその中央に東向きに安置された。

當麻寺の伽藍に東西のラインが生まれ、やがて南北のラインを凌駕する。

二上山の東麓、當麻寺の周辺には古墳が多い。この世とあの世の境界のような場所。そう考えられるようになったのは二上山があるからだろう。

ふたこぶラクダの背のような、印象的な姿の二上山の中央に夕日が沈む。一度見たら決して忘れることのできない風景。あの向こうに死者の世界があると人々は信じた。

當麻曼荼羅は、おそらくは女性のために構想された図像であり、制作したのも女性であろう。

當麻曼荼羅の左右の端には小さな四角い枠が帯状に続く。そこには、ひとりの女性の耐え難い悲しみと苦しみが描かれている。

インドのある王妃は、わが子に夫を殺され、自分も幽閉される。絶望した王妃の前にお釈迦さまが現れ、世界はここだけではないと告げる。左側の帯にはその物語があらわされている。

世界はここだけではない。悲しみも苦しみもない世界が本当にある。それが浄土。

そこへ行きたい。どうしても行きたい。お釈迦さまは、この世にいる時から浄土を

当麻寺

見られる方法も教えてくれた。右側の帯にはその方法があらわされている。

そして、目の前にありありと見えてきた極楽浄土の有様を織り出したのが、當麻曼荼羅である。耐え難い悲しみと苦しみのなかで夢想される極楽浄土の美しい姿。

これを織り出したのは誰なのか。説話によって、織手についてはさまざまに語られているが、いずれの場合にも、必ず女性である。

よく知られているのは中将姫。母を喪い、継母に殺されかけて、世の無常を感じ、當麻寺に入る。中将姫の思いの深さに応えて、観音菩薩が人間の女性の姿になり（あるいは中将姫自身が）、當麻曼荼羅を織り出したという。

當麻寺へ行くと、女性の悲しみ苦しみが胸にしみてくる。

（2016年9月28日）

ふたり

天武天皇は686年9月9日に亡くなった。天武天皇が創建した薬師寺では、旧暦を新暦に換算して、1ヶ月遅れの10月9日を天武天皇の忌日としている。今年は10月9日がちょうど旧暦の9月9日にあたっていた。

奈良（平城京）に遷って来る前、都は奈良県橿原市にあった。これが藤原京で、当時は新益京《あらましのみやこ》と呼ばれた。天武天皇は684年に巡行して「宮室之地」を定めた。これが藤原宮である。

藤原京は珍しい都だった。平城京も平安京も、中国の長安城も、天皇や皇帝がいる場所（それが「宮」）は、都の北の端にある。「天子南面」と言って、天子は北にいて南を向くことになっているからである。しかし藤原宮は、都のど真ん中にあった。

中国の古代に『周礼《しゅらい》』という書物がある。それには理想の都の姿が記されており、宮はど真ん中に位置していた。門の数、道の数、政治をおこなう場所や市の場所も記述と一致するので、藤原京は『周礼』にもとづいて設計されたと考えられている。

たとえそうだとしても、ど真ん中をどこにするか、どこからどこまでを都とするかは、現地で決めなければならない。そして天武天皇は、あの場所を選んだ。

藤原宮跡に立つ。何もない広々とした野に立つと、北に耳成山《みみなしやま》、西に畝傍山《うねびやま》、東南に香具山《かぐやま》が見える。ほかに何もない。しかし、心が震えるほどに美しい眺めである。天武天皇はここを宮の場所として選んだ。天武天皇も皇后鸕野讃良皇女《うののさららのひめみこ》も、ここに立ち、この風景を眺めた。

鸕野讃良皇女が病んだ時、天武天皇は病気平癒を願って薬師寺を建てることにした。程なくして、幸いに皇后の病気は治った。薬師寺の造営は続くが、やがて今度は天武天皇が病み、そのまま亡くなった。薬師寺の造営は藤原京の建設と連動させておこなわれていたが、いずれもまだ完成には至っていなかった。

あとを継いで天皇（持統天皇）になった鸕野讃良皇女は、飛鳥浄御原令《あすかきよみはらりょう》の制定、藤原京の建設、薬師寺の造営など、天武天皇がやり残したことを次々に完成させていく。

ふたりは、若いころからいつも一緒にいた。

天智天皇が亡くなる直前、皇位継承をめぐる争いを避けて、弟の大海人皇子《おおあまのみこ》（のちの天武天皇）は吉野へ身を隠す。しかし、さらに危機が迫り、大海人皇子は吉野を出て、美濃へ逃げる。

付き従うのは鸕野讃良皇女、小さな皇子、わずかな舎人《とねり》と女官だけ。敵に襲われたら助からない。味方のいる美濃へ強行軍が続くが、輿《こし》に乗った鸕野讃良皇女に疲労の

天武天皇・持統天皇陵

色が。大海人皇子は輿を留める。危険を冒してまでも疲れた妃を休ませる大海人皇子。

　ふたりは仲よしだった。天武天皇が亡くなったあと、鸕野讃良皇女は、思い出の吉野を31回も訪れている。

　そして、ふたりは同じお墓に葬られている。天皇と皇后が同じお墓に葬られているのはきわめて珍しい。

　持統天皇は火葬されたが、天武天皇は火葬ではなかった。麻布を漆で貼り重ねた大きな朱塗りの棺《ひつぎ》の隣りに、銀製の小さな骨蔵器が置かれていた。

（2016年9月28日）

18年ぶり

第68回正倉院展が始まった。

もっとも注目されるのは、18年ぶりに奈良国立博物館にやって来た漆胡瓶《しっこへい》だろう。

18年前、私は奈良国立博物館で、教育普及や広報を担当する普及室の室長だった。その年の正倉院展ポスターの制作は、私が担当した。

ポスターの左上隅には「第50回」とある。正倉院展のポスターに回数を入れたのは、その時が初めてだった。

それまで正倉院展のポスターには回数を記さなかった。何年か前にポスターを整理したことがあったが、回数がなく、会期も月日だけで何年とは書いていないので、いつのポスターかわからず、とても困った記憶がある。

ところで、昭和21年（1946）に開催された正倉院展が、今では第1回にカウントされているが、本当は第1回ではなかった。目録にもチケットにも、第1回の文字はない。

この正倉院展は、奈良で開催される、最初で最後の正倉院展だったからである。

戦争中、奈良国立博物館（当時は奈良帝室博物館）に避難していた２６７件の正倉院宝物は、戦争が終わったので、正倉院へ戻すことになった。

その時、地元の人々の間から声があがった。博物館で展示をしてから戻すということはできないのか。

正倉院宝物は、奈良でずっと守り続けてこられたものなのに、明治時代の一時期を除き、奈良で一般公開されたことはなかった。

さまざまな人々の努力があり、昭和天皇の勅裁を経て、昭和21年10月21日、奈良国立博物館で、最初で最後の正倉院展（「正倉院特別展観」）が始まった。

当時の新聞には、「松林に長蛇の列」「押すな押すなの一般公開第一日」などの見出しが躍っている。そして11月9日までの20日間に14万7千人が来館した。博物館を訪れる人が1年間に約1万人だった時代なので、驚くべき数字である。

興味深いのは、みんなが同じ感想を口にしたことだ。

「生きる力が湧いた」

１２００年も前の古い品々が、戦争ですべてを失った人々に、生きる力を与えられたのは、なぜなのだろうか。

いずれにせよ、会期中に、翌年も開催することが決まったのは、そのためだ。

そして、その翌年も、その翌年も、正倉院展は開催された。そのため回数を付けて

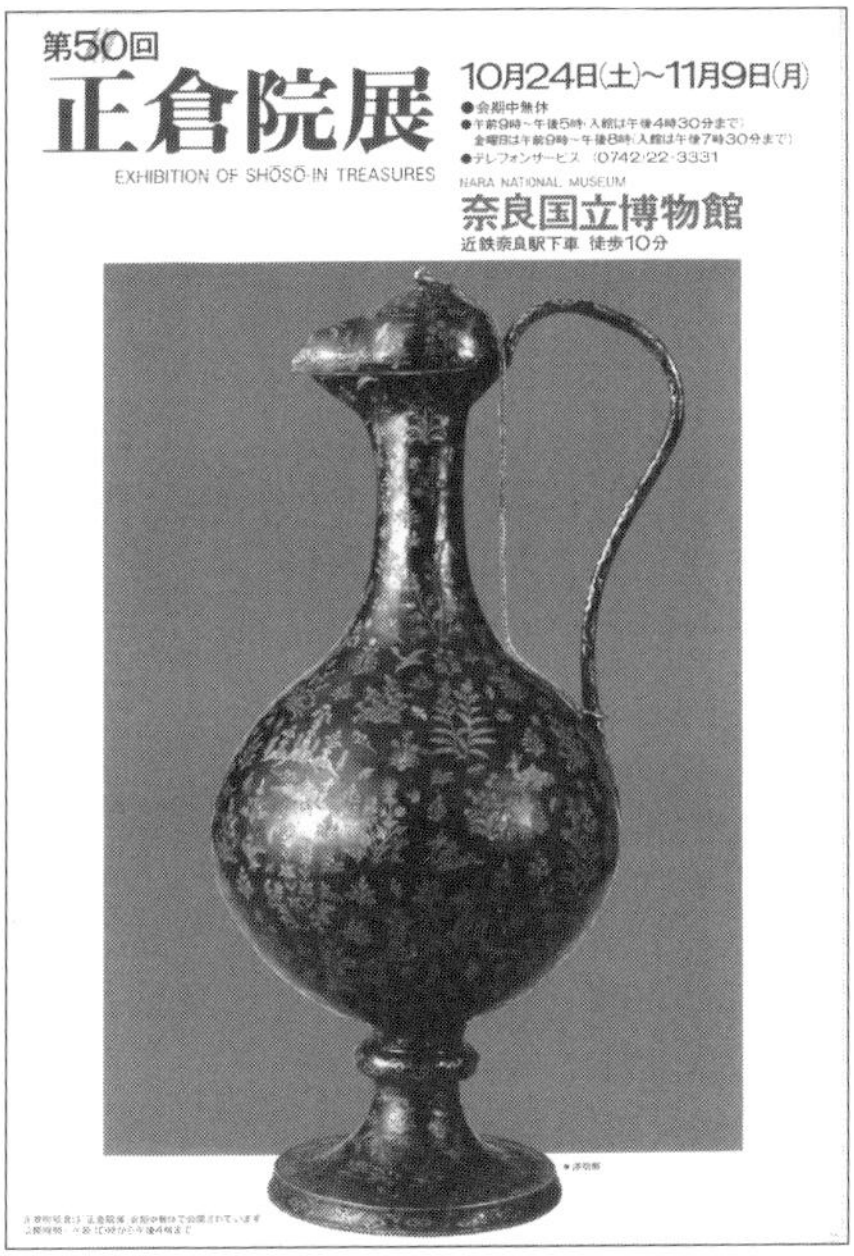

数えるようになってはいくが、正倉院展が誕生した時の、あの「1回きり」という思いがどこかに受け継がれていたような気がする。

宮内庁が開催を正式に発表するまで、会場となる奈良国立博物館は、今年の秋に正倉院展をおこなうかどうかさえ言ってはならない決まりがあるのも、毎年開催すると決まっているわけではないという正倉院展の本来の性格と関わることなのかもしれない。

第50回からはポスターに回数が入るようになり、今年は第68回となった。

久しぶりに第50回のポスターを見る。漆胡瓶。なんて美しい姿なのだろう。古代から現代まで、西域には似た姿の水差しがたくさんあるけれど、あの丸みは他のどれとも違う。この漆胡瓶を聖武天皇は愛した。

ポスターでは、漆胡瓶のバックに赤い四角形を入れた。漆胡瓶の下方が、四角形からはみ出ているので、漆胡瓶の大きさと勢いが感じられる。よくできたポスターだと自画自賛している。

（2016年10月12日）

戸籍に見入る

正倉院展が終わった。

18年ぶりの漆胡瓶《しっこへい》、聖武天皇の一周忌法要に用いられた大きな幡《ばん》、象牙で作られたかわいい小鳥たちなど、いつまでも印象に残るさまざまな宝物に、今年も出会うことができた。

そういうなかで、私がもっとも長く立ち止まったのは、戸籍のケースの前だった。御野国《みののくに》加毛郡《かもぐん》半布里《はにゅうり》戸籍。大宝2年（702）に作成された、紙に書かれて現存する日本最古の戸籍のひとつである。ただし、宝物として保管されてきたわけではない。

奈良時代には、お経を書き写すための役所、写経所《しゃきょうじょ》があった。奈良時代は、どの役所も事務書類に新しい紙を使うことはなく、役割を終えて、保存期間が過ぎた文書の裏を使っていた。

この戸籍も、保存期間が過ぎたのち、事務書類用の紙として、たまたま写経所に回されてきたもので、そののち写経所が廃止される状況になって、不要になった事務書類が写経所に近い正倉院に仮置きされ、そのまま忘れられたことにより、今日まで伝わった。

御野国加毛郡半布里は、現在の岐阜県加茂郡富加町《とみかちょう》羽生《はにゅう》とその周辺にあたる。富加町のホームページには、今年の正倉院展に「御野国加毛郡半布里戸籍」が出品されたことがちゃんと記載されている。

戸籍の作成から１３００年にあたる２００２年に、富加町で講演をさせていただいたことがある。その翌年、正倉院展に「御野国加毛郡半布里戸籍」が出ることがわかり、町長をはじめ大勢の町民の方々が、数台の大型バスで正倉院展にやって来られ、私がご案内をした。なつかしい思い出である。

ところで、古代の戸籍を見ていると、十二支の動物の名をつけている人が多い。生まれた年の干支《えと》の動物の名が付けられたと考えてよい。

次頁写真右の「比都自売《ひつじめ》」（未《ひつじ》＝羊＝比都自、売は女性の名に付く）は8歳。この女の子は６９５年の未年に生まれたようで、７０２年には確かに8歳（数え年）になっていた。

写真中央の「比都自」は66歳。おそらく６３５年の未年に生まれたと思うが、それなら68歳になっていなければならない。課役負担を免れるために年齢を少なく偽る例もあるが、この場合はどうだったのだろうか。

話は変わるが、写真左の「古都」にも見入ってしまった。

古都は86歳。計算すると、６１７年生まれである。聖徳太子が亡くなるのが６２２

年なので、古都が生まれた時には、聖徳太子はまだお元気だった。

名付け親（お父さん？）は、どうして赤ちゃんに古都と名付けたのだろう。

６９４年に藤原京、７１０年に平城京ができるが、まだ都がない６１７年の段階で、名付け親は「古都」に対してどのようなイメージを持っていたのだろうか。

それとも「古都」は、「古い都」という意味ではなく、特定の音（たとえばＫＯＴＯ）を表わす文字として選ばれただけだったのだろうか。

古都の妻は68歳。古都とは18歳違いである。

ふたりはどこでどうして知り合ったのだろうか。

名前と年齢と続柄が書かれただけの古い戸籍を見ながら、私の頭の中には、たくさんのドラマが次々に湧き出してきた。

（２０１６年11月９日）

高林寺

今から825年前、ひとりの高貴な女性が、興福寺の僧侶に案内されて當麻寺《たいまでら》を訪れたところ、當麻寺の僧侶からこんな話を聞いた。

横佩《よこはぎ》の大納言の娘は、朝夕極楽浄土への往生を願い、極楽浄土の様子を表わした曼《まん》荼羅《だら》を写したいと思っていたところ、不思議な人が現れて、一夜のうちに極楽浄土の様子を織り出してくれた。大納言の娘は、一生の間、それを拝み続け、やがて極楽浄土に往生した。

この大納言の娘は、やがて「中将姫」と呼ばれるようになる。そして極楽浄土の様子を表わした曼荼羅は、今も當麻寺にあり、「當麻曼荼羅」と呼ばれている。

中将姫の父「横佩大納言」が藤原豊成卿である。藤原鎌足の曽孫、不比等《ふひと》の孫、武智麻呂の子で、仲麻呂の兄にあたる。

豊成卿は、兵部省《ひょうぶしょう》（軍事・国防を担当）の長官である兵部卿や中衛《ちゅうえの》大将をつとめて、軍政のリーダー的存在であったが、その一方で一切経《いっさいきょう》（すべての経典）を所有し、邸宅で写経事業をおこなうなど、仏教の信仰も篤い人だった。

今年は、豊成卿の1250年御遠忌にあたっており、11月20日には、豊成卿のお墓がある奈良町の高林寺《こうりんじ》で、盛大に法要が営まれた。

高林寺は、江戸時代に、寿保《じゅほう》という尼が中興した尼寺である。このあたりに豊成卿の大きな邸宅があったとされ、高林寺の周辺には中将姫ゆかりの寺が多い。寿保尼は中将姫を慕ってここに住み、律院として高林寺を中興する。

寿保尼がこの場所を選んだのは、豊成卿のお墓があったからだろう。現在、高林寺の本堂の中央には豊成卿と中将姫の像がお祀《まつ》りされており、おふたりが仲良く並んでいる「藤原豊成卿・中将姫対面図」も伝わる。高林寺は父と娘の思い出の地に建っている。

ところで仏教には、殺生をしないなど、戒律という決まりがある。個人の決まりが戒、教団の決まりが律である。日本仏教は戒律を重視しない珍しい仏教であるのだが、寿保尼は中将姫を慕いつつ、高林寺を律院、つまり戒律を厳守するお寺として中興した。

一般には、中将姫は、幼くして母を亡くし、継母にいじめられ殺されかけて、というように、悲劇の女性として知られている。しかし寿保尼は、強い信仰に生き、見事に生き切った女性として、中将姫を慕った。當麻曼荼羅を織り出した不思議な人は、実は仏さまの化身であり、中将姫の信仰の深さに応えて、姿を現わしてくださったのである。

それ以来、高林寺は、中将姫の思いを大切にし、中将姫に支えられて、今日に至る。

4月13・14日の中将姫の御会式《おえしき》が来ると、豊成卿のお墓の傍《かたわ》らで、白牡丹《はくぼたん》が咲く。

昭和30年代にNHK奈良放送局長をつとめた小林月史《げっし》さんは、高林寺でこんな句を詠んだ。

白牡丹法如尼《ほうにょに》いまも在《おわ》します

法如尼とは中将姫のこと。白牡丹を見ると、中将姫が今もここにいらっしゃることがわかる。

小林月史さんと親しかった珠慶《しゅけい》長老尼は93歳で、私の母と同学年（母は94歳になった）だ。私が敬愛する真の仏教者である。


（2016年11月23日）

稲葉珠慶長老尼と私

喜光寺

喜光寺《きこうじ》は、奈良時代に行基が建てた寺である。

平安時代にまとめられた『行基年譜』によれば、養老5年（721）に、寺史乙丸《てらのふひとおとまろ》という人が居宅《きょたく》を行基に奉施《ほうせ》し、行基はそれを寺にした。これが喜光寺である。

行基が各地に建てた寺は49あるとされるが、喜光寺もそのひとつであって、当時は菅原寺《すがわらでら》と呼ばれた。

そして喜光寺は、行基が亡くなった寺でもある。

行基は天平21年（749）2月に亡くなったが、その前年から喜光寺に住んでいた。行基が建てた寺は多いが、亡くなった寺はもちろんここだけだ。人生の終わりが近づいた時、行基はこの寺を自分の死に場所として選んだのではないだろうか。

聖武天皇は仏教の信仰が深く、ついに出家した。正倉院には聖武天皇の袈裟《けさ》が伝わっている。

天皇のもっとも大切な仕事は神様をお祀《まつ》りすることで、それは昔も今も変わらない。神祀りをお坊さんがするのはふさわしくない。のちの時代には、天皇を生前退位して上皇となり、それから出家して法皇と呼ばれた天皇も多い。聖武天皇は行基を戒師として受戒し、勝満《しょうまん》と名乗った。退位したのはたぶんそのためだろう。

平安時代の『扶桑略記《ふそうりゃっき》』によれば、聖武天皇が受戒したのは天平21年（749）1月。『東大寺要録』に収められた「或日記」では、その前年のことになっている。

聖武天皇は大仏を造ろうとした際に「大きな力で造るな、たくさんの富で造るな」と言われた。一本の草を持って来て、私も手伝いたいと申し出る人がいたら、協力してもらうようにとも言っている。

小さな力をたくさん集めて大仏を造る。それが聖武天皇の考えだった。

行基が行くところには千人もの人たちが集まって来た。橋がなくて困っている川に橋を架けようと行基が言うと、そういう人たちが力を合わせ、あっという間に橋はできた。

小さな力を集めて何事かをなす。それが行基のやり方だった。同じ考えをもつ聖武天皇と行基は運命的な出会いをし、大仏造りが始まった。

しかし、行基は大仏の完成を見ることなく、喜光寺で亡くなった。

明治時代の喜光寺の写真を見たことがある。本堂以外には何もない荒涼たる空間に、庇《ひさし》をつっかえ棒で支えられた本堂が、孤立無援に建っていた。

1300年の長い歴史のなかで、喜光寺は何度も衰え、何度もよみがえった。

現在の喜光寺

明治時代の喜光寺

鎌倉時代、喜光寺は荒廃し、所領は人手に渡っていた。興福寺一乗院の信昭《しんしょう》は、喜光寺を復興するためにその所領を買い取り、喜光寺の「三宝《さんぽう》」に寄進した。

三宝に寄進するとは、人間にではなく、仏に寄進することを意味する。そして信昭が、もっとも信頼できる西大寺の叡尊にその管理を任せたことで、喜光寺は復興した。

そして近年、山田法胤住職のさまざま取り組みによって、喜光寺はまた元気になった。

喜光寺が今こうしてあるのは、ごく自然なことでは決してなく、当たり前のことでもない。

（2016年12月7日）

白熱教室

奈良県五條市に轉法輪寺《てんぽうりんじ》というお寺がある。平安時代の初め、空海（弘法大師）は「修禅《しゅぜん》の道場」のための聖地を求めていた。ある日、空海は、大和国の宇智郡で黒犬と白犬を連れた狩人に出会い、その犬に導かれて紀伊国へ向かう。そこには山の民がいて、空海を高野山へ導いた。

狩人は狩場《かりば》明神《みょうじん》、山の民は丹生《にゅう》明神、おふたりとも神様だった。丹生明神は女神で、空海に高野山を譲ってくれたという。高野山の中心、壇上伽藍に狩場明神と丹生明神が祀《まつ》られているのはそのためだ。

空海が狩人に出会った地にはお寺が建てら

れた。それが轉法輪寺である。轉法輪寺にも、狩場明神と丹生明神が祀られている＝写真。

昨年は高野山の開創千二百年にあたり、それを記念して奈良交通が高野山ツアーを企画した。その際に、空海の歩みをその通りにたどろうと、轉法輪寺を経由して高野山へ行くことにした。同行した講師は私。それがご縁で轉法輪寺と親しくなった。

今年、轉法輪寺では「心ひかれる仏教の話」と題して、私の連続講座を開催した。12月18日が最終回だったので、私は満を持して弘法大師の話をさせていただいた。気がつくと2時間も経っていたが、それはまだ前座に過ぎなかった。このあとの質疑応答が白熱したからだ。

司会進行は桑山聖淳《しょうじゅん》さん。住職の御子息（後住）である。聖淳さんが「即身成仏《そくしんじょうぶつ》」についての私の考えを尋ねたところから盛り上がり始めた。

空海がめざしていたのは「喜びをもって生きる」ことだったと私は考えている。

空海は讃岐国から都に上り、大学に入ったが、そこで学んだ儒教は「古人の糟粕《そうはく》（かす）」に過ぎなかった。空海の関心は仏教へ向かう。しかし仏教にも満足できなかった。喜びをもって生きる力が、当時の仏教にはなかった。やがて空海は真言密教にたどり着く。

空海の思想のキーワードのひとつが「即身成仏」だが、それが成就すれば、喜びをもって生きられるようになる。

このやりとりに刺激されたのか、会場から次々に本質的な問いが出始めた。欲望を肯定する密教は仏教と言えるのか。呪術を肯定する密教は仏教と言えるのか。仏教とは何か。仏とは何か。

私はすべての質問に答えた。かけがえのない大切な人が死にかけている時に助けてと祈るのは当然だ。そしてもしも本当に助けられる方法があるのなら……。人々の切なる思いが仏教を変化させていく。仏教には絶対というものがない。永遠に変わらないものは存在しない、と仏教は考える。仏教は刻々と変わっていく。それこそが仏教だ。

マイケル・サンデル教授の白熱教室を思い出した。

終了予定時間はとっくの昔に過ぎていた。しかし、「質問はあとひとつにしましょうか」と言った聖淳さんが、「なごり惜しいので」と言いながら、さらに次の質問を引き出していく。

こんな体験は初めてだった。ひとつの質問に答えながら、そこから派生すること、そこから連想されることを、思いつくまま、私はどこまでも語り続けた。

（２０１６年12月21日）

誓い

今年は、忍性《にんしょう》が生まれてから、ちょうど八百年の記念の年にあたっている。忍性は叡尊《えいそん》の弟子で、奈良から鎌倉へ移り、社会福祉の分野で大きな成果をあげた。忍性の師である叡尊は「興法利生《こうぼうりしょう》（本当の仏教をさかんにして、みんなを幸せにすること）」をめざして活動し、たくさんのお寺を復興した。

叡尊は、45歳の折に誓いを立てた。五濁悪世《ごじょくあくせ》において、もっとも苦しんでいる人たちを救おう。そのためなら、地獄の苦しみにも耐えよう。浄土へは行かない。

五濁悪世とは、最低最悪の世界のこと。生まれ変わったら、最低最悪の世界へ行きたいと、叡尊は願っていた。五濁悪世は苦しんでいる人ばかり。その人たちを救いたい。浄土へは行かない。浄土は幸せな世界。そこに住む人たちは、みんなもう幸せだから、行く必要がない。

これは、きれいごとではない。その道を行くには、地獄の苦しみに耐える必要があることを、叡尊はよく知っていた。

誓いの最後に、叡尊は、突然、亡き母に言及する。その功徳は、亡き母に廻向《えこう》する。

叡尊の母は、叡尊が7歳の時に亡くなった。叡尊自身が書き残した文章によれば、母は「三人の小児を懐《ふところ》の内に置きて逝去」した。つまり、叡尊を含む3人の小さな子どもたちを抱きしめながら、母はこの世を去った。子どもを深く愛したがゆえに、執着の罪を犯したがゆえに、母は苦しみの世界（餓《が》鬼《き》道《どう》か）へ堕ちた、と叡尊は考えていたように思われる。

現世においても、来世においても、苦しんでいる人を救いたい。そしてその功徳は母に廻向する。私のために苦しみの世界へ堕ちた母を、苦しみの世界から救い出したい。

4年後、叡尊は、忍性を含む8人の弟子とともに、ふたたび誓いを立てた。

叡尊の生誕地（奈良県大和郡山市白土町）に立つ記念碑

本師往昔《おうせき》の誓願に学び、穢悪《えあく》充満の国土に処して、恒《つね》に仏刹擯棄《ぶっさつひんき》の衆生《しゅじょう》に対し、利《り》益《やく》安楽の方便を設けて、無仏の国において大饒益《だいにょうやく》をなさん。

本師とはお釈迦さま。お釈迦さまは、浄土が用意されていたのに、浄土へは行かず、私たちの世界＝苦しみの世界に来てくれた。今度は私たちの番だ。穢悪に満ちた世界、仏のいない世界へ行き、仏の救いから漏れている人たちに豊かな恵みを与えたい。

弟子の忍性が奈良から関東へ移った理由を、叡尊は「無仏の世界の衆生を救うため」と語っている。やがて忍性も、鎌倉で誓いを立てた。

力の及ぶ限り仏教をさかんにする。勤行《ごんぎょう》や談義を怠らない。輿《こし》や馬に乗らない。誰かひとりのためには祈らない。孤独・貧窮・乞食・病人・障害者、道に捨てられた牛馬をも憐《あわ》れむ。道や水路を造り、橋を渡し、薬草や樹木を植える。誹謗《ひぼう》する者も善き友として救う。食事は簡素にする。功徳をわが身に留めず、みんなのものとし、地獄や餓鬼の世界に堕ちた者の苦しみを、代わって受ける。

かつて、日本には、こんな人たちがいたのだ。そして、叡尊は90歳で亡くなるまで、忍性は87歳で亡くなるまで、誓った通りの人生を送った。

（2017年1月18日）

神様にささげる

昨年の秋、ラジオを買った。

ＮＨＫ奈良放送局の番組でご一緒していた荒木美和さんが、昨年の夏に東京へ転勤した。今度は、ラジオの番組を担当するそうだ。わが家はラジオ派なので、ラジオを聴くことが多いが、大学の研究室にもラジオを置いておこうと思ったのだ。

ラジオが届き、電源を入れると、薬師丸ひろ子さんの声が流れてきた。

今度、春日大社でコンサートをします。神様のおそばで歌わせていただきます。私にとって、きっと歴史的なコンサートになると思います。

それからまだ何日も経っていない9月25日、私は飛火野に特設された野外コンサート会場にいた。特に彼女のファンだったわけではないが、ラジオから流れてきた言葉に、心ひかれたからだ。

舞台に登場した彼女は、まっすぐに歌った。どの曲も、彼女は、まっすぐに歌った。まっすぐなボールを、真正面からど真ん中に投げてきた。そして彼女の背後には、春日の深い森が広がっていた。

彼女は語り出した。たくさんの音楽家の方が、こんな私に、素晴らしい曲を提供してくださったことに感謝しています。

映画「セーラー服と機関銃」が大ヒットした時、彼女は17歳だった。そして「探偵物語」「Wの悲劇」など、出演した映画はすべてヒットし、それに合わせて出した歌もすべてヒットした。

しかし、やがて彼女は歌の世界を去る。そして23年ぶりにコンサートを再開した彼女は、長い歳月を振り返り、言葉を選びながら、こう言った。

自分がうたう歌の世界を、聴いてくださる方と共有できたらいいなという気持ちに変わってきました。自分が持っている、限りある、声帯という器官を、使い切りたい。

11月11日、春日大社の直会殿《なおらいでん》で、古澤巌《いわお》さんのヴァイオリンコンサートがおこなわれた。私たちは林檎《りんご》の庭に並べられた椅子に坐った。

古澤さんは、登場してから退場するまで、一言もしゃべらなかった。そして体を左斜めに向けて、次々に弾いた。その方向には春日の神様がいらっしゃる。古澤さんは神様に向かって弾いていたのだ。そして弾き終えると、左斜め方向に静かに頭を下げ、何も言わずに立ち去った。

以前に、古澤さんの演奏を聴いたことがあった。「天まで届く音」だと思った。

年が明けて、古澤さんと食事をする機会を得た。

古澤巌さんと私

「音には重さがないので、上のほうへのぼっていける」と古澤さんは言った。やはり天まで届く音だったのだ。

　鎌倉時代の明《みょう》恵《え》上人《しょうにん》は、琵琶の名人が琵琶を弾いた時、簾《すだれ》を懸けるための木の枠の上にのぼって聴いた。みんなが奇異の思いを抱いていると、やがて降りてきて、「空にて聞き候へば、なお殊勝《しゅしょう》にこそ候へ」（空の上で聞いたら、さらに素晴らしかった）と言ったという。

　その話を思い出しながら古澤さんのヴァイオリンを聴いていたら、いつしか私は不思議なことに、春日大社の社殿（第一殿）の上に浮揚して、空の上からヴァイオリンを聴いている気分になっていた。

（２０１７年２月１日）

浄教寺

奈良市の三条通りに浄教寺というお寺がある。

親鸞聖人のお弟子さんで、河内の八尾にいた行延《ぎょうえん》を開基とする浄教寺は、浄土真宗本願寺派のお寺で、八尾から大和郡山を経て、徳川家康の時代、慶長8年（1603）に、現在地にやって来た。

昭和11年（1936）1月26日、浄教寺の本堂が全焼した。預かっていた少年の火の不始末が原因だったという。

再建にはおよそ10万円が必要だった。現在のお金に換算すると1億数千万円くらいになるのだろうか。

再建委員長になった松井貞太郎《ていたろう》さん（「古梅園《こばいえん》」の社長で奈良市長）が「とりあえず1万円（千数百万円ほどか）出しましょう」と申し出てくれ、そのあと寄付が相次いだ。

設計は岸熊吉さんが担当した。東大寺、興福寺、室生寺、春日大社などの建物の修理を担当した奈良県の技師である。岸熊吉さんは設計費用を寄進、つまり無償でやってくれた。

しかし、再建工事は進まなかった。戦争のためである。住職が2年あまり従軍し、戻ってくると、軍需施設以外の建設が難しくなっていた。

それでもなんとか再建の許可をとり、破格の値段で用材を提供してくれる材木商も現れたが、ガソリンの消費規制でトラックを使えず、用材を運べない。やっと国鉄と牛車で運んだが、戦争の激化で工事は中断してしまう。

戦後の混乱期を経て、昭和43年（1968）、本堂はようやく竣工し、落慶供養がおこなわれたが、松井貞太郎さんも岸熊吉さんも、すでにこの世を去っていた。

私が初めて浄教寺を訪れたのは昭和62年（1987）1月のことで、恩師の葬儀に参列するためだった。恩師の名は岸俊男先生。岸熊吉さんのご子息である。

岸先生は奈良市の押上町《おしあげちょう》に住んでおられた。奈良国立博物館に就職が決まり、先生のお宅へご挨拶にうかがうと、「あなたが奈良に来てくれると心強い」と過分のお言葉をいただいた。

しかし、その4年後、岸先生は66歳の若さで亡くなられた。そして、お父上が設計なさった浄教寺の本堂で葬儀がおこなわれた。あの日のことは忘れられない。

明治21年（1888）6月5日、フェノロサは浄教寺の本堂で講演をした。

奈良にある古物は、日本全国の宝、いや世界の宝だ。これらを保存護持していくのは、奈良の諸君の義務であり、大いなる栄誉である。

浄教寺の本堂

通訳は岡倉天心が務めた。

6月5日は、私の母の父親、つまり祖父の命日である。祖父と言っても37歳で亡くなったので、写真に写った祖父は、今の私よりもはるかに若く、青年のようにさえ見える。

父親が亡くなった時、母はまだ幼かったので、父親のことはまったく覚えていないそうだ。

6月5日は、母にとって特別の日だった。子どもの頃から、私はずっとそう感じていた。

フェノロサが浄教寺で講演をしたのが6月5日だと知った時、心が揺れた。そして、平成22年（2010）6月5日、平城遷都1300年を記念する講演会が浄教寺で開かれて、私は本堂でフェノロサの話をさせていただく御縁をいただいたのだった。

（2017年2月15日）

花街をつなぐ

あの日、釜石（岩手県）の最後の芸者である千雅乃《ちかの》さん（当時84歳）は、津波で家を流されて、着物も三味線も、すべてを失った。

それを知った八王子（東京都）の芸者のめぐみさんは、三味線を贈るために釜石へ向かい、避難所にいた千雅乃さんを訪ねた。千雅乃さんは、自分の芸をめぐみさんに伝えることを決意する。

めぐみさんは、仲間を連れて、ふたたび釜石を訪ね、とても暑い夏の日、避難所で、千雅乃さんの指導を仰ぐ。やがて開かれた八王子の芸者衆の公演には千雅乃さんも参加し、「芸は（津波にも）流されません」と挨拶した。

5年後、千雅乃さんはこの世を去るが、千雅乃さんの芸は、場所を変え、八王子の花街《かがい》で、今も生きている。

2月26日、花街をテーマに奈良でシンポジウムが開催された。花街の取材をしている浅原須美さんからこの話を聞いて、胸が熱くなった。

めぐみさんが牽引する八王子の花街は、今とっても元気がある花街のひとつで、市議会の議場で舞ったり、病院のロビーで舞ったりと、お座敷を出て、活動の場を広げている。

花街と色町は違う。芸者＝芸妓《げいこ》は、文字通り、芸に生きる女性である。たとえば、京都祇園の芸妓は、舞、お能、長唄、清元、地唄、小唄、笛、鳴り物、三味線、お茶、お花、絵、書など、選択科目もあるのですべてではないが、芸妓である限り、毎日お稽古を続ける。

芸事を学ぶ日々のなかで、気品ある美しいたたずまいを身につけ、人を喜ばせ、人を楽しませ、粋で、心意気があって、凛として生きる女性。これが芸妓である。

東大寺を会場にしたこのシンポジウムには、全国各地の11の花街から芸妓さんが集まった。

松山でも高知でも、途絶えかけたお座敷文化を復活させるために、少人数の芸妓さんが頑張っている。近々、四国四県合同のイベントを実施すると聞いた。

新潟の古町《ふるまち》では、企業がお金を出し合い、芸妓を養成する株式会社を設立した。若い芸妓はこの会社の社員である。風情のある町並みに、優れた建造物が多い古町。新潟大学の都市計画研究室は、古町をフィールドにしており、古町に住み込んで芸妓と交流している大学院生もいる。

福井の浜町《はままち》では、古町の取り組みにも学びつつ、浜松芸妓組合を一般社団法人にし、

左端がめぐみさん、左から3番目が菊乃さん、4番目が浅原須美さん

就職セミナーに求人ブースを設けるなど、花街で働くのは普通のことだと知ってもらう取り組みをおこなっている。

　秋田の若い舞妓さんのたどたどしい語りに、左右に坐った東京の大井と金沢の主計町《かずえまち》の芸妓さんが、うなずきながらやさしいまなざしを送る。

　私はコーディネーターを務めさせていただいたが、各地の花街はそれぞれに違っていて、みんな違ってみんないいという心境になった。

　来年は30の花街の芸妓さんに集まってもらうそうだ。おそらく花街の歴史で初めてのことだろう。

　奈良の元林院《がんりんいん》の復興をめざす菊乃さんの企画。各地の花街がつながって、芸妓さん同士が仲良くなり、支え合えるようになるのは素晴らしい。早くも来年が楽しみだ。

（2017年3月1日）

だいじょうぶ

俳優のマキタスポーツさんが夫、板谷由夏さんが妻、もたいまさこさんが夫の母、芋生《いもう》悠《はるか》さんが娘。

この4人家族が住む家のお隣に、帝塚山大学の教授で、西山とかいう先生がいて、遊びにやって来た。そして4人をすっかり仏像好きにしてしまう、というNHKの番組ができた。

もたいまさこさんはお寺めぐりが大好き。嫁の由夏さんは義母にいつも付き合ってはいるが、お堂のなかは暗く、仏像は遠くにあるので、そのよさが今ひとつわからない。孫娘の悠ちゃんは元気な女子大生で、絵を描くの

が大好きだが、お寺にも仏像にもまったく興味がない。

　もたいさんは足腰が衰え、出歩くのが難しくなってきた。マキタさんは、お母さんのために、超高精細の８Ｋテレビを購入する。８Ｋなら、実際にお寺へ行ったとき以上に仏像が細部まで鮮明にみえて、お母さんが喜ぶに違いない。

　大きなテレビをつけると、室生寺（奈良県宇陀市）の五重塔が映し出された。そこへ〈西山先生〉が登場する。

〈西山先生〉を交えて５人で語り合うシーンには台本がない。およそ60分後に、みんなが仏像好きになっていればいいのだ。何を話すかは、私の自由に任されていた。

　埼玉県川口市にあるスタジオには30人ほどのスタッフが集まっていて、かなり大がかりな収録だった。

　その内容については番組を見ていただくとして、みなさんがとってもよく反応してくれたのは、五重塔が美しく見える仕掛けと、「だいじょうぶ」についての話だった。

　仏像の手のさまざまなポーズには、すべて意味がある。右手を胸の高さまであげて、手のひらを外に向けるポーズは「施《せ》無《む》畏《い》印《いん》」という。畏《おそ》れ無きを施す。悩みを抱えてやってきた人、苦しみを抱えてやって来た人に、微笑みながら、「だいじょうぶだよ」と、やさしく言ってくれている。

　よく見ると、指の間には、水かきのような膜がある。救い取った人を、指の間から

漏らさないためだ。すべての人を救い取るために、仏さまは自分の体を変化させた。

収録が終わってみんなで集合写真を撮った。由夏さんが「だいじょうぶ」ポーズをしている。悠ちゃんは8を作る8Kポーズ。

控室に戻って、悠ちゃんとのツーショット。悠ちゃん、今度はすかさず「だいじょうぶ」ポーズ。

話は変わって、NHKの朝の番組「あさイチ」のなかで、お笑いコンビのニッチェの江上《えのうえ》敬子さんと一緒に五劫院へ行き、仏像の魅力を伝えるお仕事を依頼された。

収録が終わってからの記念写真で、江上さんもやっぱり「だいじょうぶ」ポーズ。

仏さまのやさしさ、仏像のやさしさは、この「だいじょうぶ」ポーズに、端的に示されている。

（2017年3月15日）

ラジオウォーク

3月20日、MBSラジオの「ラジオウォーク」に出演させていただいた。毎日新聞に掲載された地図を手に、携帯ラジオの生放送を聴きながら、万葉集ゆかりの場所や歴史の故地を歩く。

昭和57年（1982）から、毎年この季節に実施されている人気番組で、今年は36回目だった。例年、2万数千人が参加する大イベントである。

今年のテーマは「奈良坂の道」。飛火野《とびひの》にメインステージが設けられており、オープニングのあと、春日大社→若草山→手向山八幡宮→法華堂→二月堂→正倉院→北山十八間戸→般若寺→奈良少年刑務所→多聞城跡→五劫院→大仏殿→南大門という約10キロの道を歩き、最後は飛火野に戻ってエンディングとなる。

6時間の長丁場。私は般若寺までの前半を担当した。

私は、実は、今年が43回目になる花粉症で、ラジオウォークよりも長い花粉症の歴史がある。1266回も続くお水取りにはさすがに遠く及ばないが、一度の中断もない「不退の行法《ぎょうぼう》」を続けており、声がこもらないようにマスクをはずした状態で歩ききれるか、少し不安だった。

前半は、万葉学者の上野誠さんと私が、上田悦子アナウンサー（途中で福本晋悟アナウンサーに交替）と語り合いながら進んだ。

上野さんは、それぞれの場所で万葉集の歌を紹介する。私もそれぞれの場所で、たとえば、春日大社に祀《まつ》られる神々のこと、なぜ奈良には鹿がいるのか、若草山の山焼きの歴史、手向山八幡宮が鎮座する理由、お水取りって要するに何をしているのか、そして、ハンセン病の人たちの救済に尽力した忍性《にんしょう》のことなどを話した。

やらせていただいてよくわかったのは、コースの設定と時間の管理の難しさである。あれだけの人数で、あれだけの距離を、安全に歩き、なおかつ見どころが多い場所を探すのは難しい。そしてＣＭを入れる時間までに、ひとつのテーマを語り終える必要があるが、歩きながら、数人で掛け合いをしていると、ついつい長くなりがちだった。

エンディングで、私は「奈良の魅力はまだこの三千倍はあります！」と言ったが、これは冗談ではない。

たとえば、般若寺では「三人寄れば文殊の知恵」ということわざを使って文殊菩薩を説明するレポートが用意されていたが、般若寺の文殊菩薩は、知恵の仏ではなく、「貧窮・苦悩・孤独の人」になって現れる文殊菩薩である。

エンディング

忍性やその師である叡尊《えいそん》はハンセン病の人たちを文殊菩薩の化身だと考えていた。だから叡尊は、ハンセン病者の救済の拠点である般若寺に、文殊菩薩像を安置した（この像は焼失）。

鎌倉時代、荒れ果てた般若寺の復興は、十三重石塔を建てることから始まった。

昭和時代、荒れ果てた般若寺の復興は、コスモスを植えることから始まった。

弱者に寄り添う活動拠点、般若寺。十三重石塔とコスモスはそのシンボルだ。

こういう説明があると、コスモスがきれいな寺というだけではない般若寺の真の魅力が伝わるのではないか。

これからもラジオウォークで、奈良の深い魅力を伝え続けてほしいと思った。

（2017年3月29日）

花まつり

4月8日は、お釈迦さまの誕生日。さまざまなお花で飾られた花御堂《はなみどう》のなかで右手を挙げて立っている、生まれたばかりのかわいいお釈迦さまの像に、甘茶をかける。

この行事は「花まつり」の名で知られる。お釈迦さまが生まれたのはルンビニ村（現在はネパールに属す）の花園だったので、花御堂はそれをイメージしているのだろう。

お釈迦さまはお母さんの右の脇腹から生まれたという。ひどい難産だったようで、生まれた赤ちゃんはとても元気だったが、お母さんはお釈迦さまを産んで7日で亡くなった。叔母（お母さんの妹）に養育されたお釈迦さまは、お母さんを知らない。

やがて物心がついたお釈迦さまは、母親が自分を産んだために死んだことを知る。生と死について考え、深く悩むようになったお釈迦さまは、29歳で出家した。そして苦行と瞑想の末に悟りを開き、仏教が成立する。

仏教は、お母さんを亡くしたお釈迦さまの深い悲しみから生まれたと言えるだろう。だから仏教は、悲しんでいる人、苦しんでいる人に、とてもやさしい。

古い写真がある。

女の子と男の子が水鉄砲で遊んでいる。利発そうな女の子の目は、飛んでいく水のゆくえをじっと見つめている。そして男の子は、カメラを構える誰かに対して、限りない親愛と信頼のまなざしを向けている。

女の子は、私の母の姉。男の子は、私の母の兄。おそらく大正14年（1925）ころに撮影されたものだと思う。ふたりとも、もうこの世にはいない。

もう一枚は、家族の集合写真。向かって右端が私の母。水を飛ばしていた伯母が母の隣にいる。伯母はおさげ髪に帽子をかぶり、赤毛のアンのようだ。右手で妹の手を握り、左手で妹の肩を抱いている。

お父さんはいない。母がまだ物心がつく前にお父さんは亡くなった。母は写真でしかお父さんを知らない。祖母は母を含む5人の子どもを、女手ひとつで育てあげた。

母は、生まれた時にとても元気だったので、祖父は「この子は豪傑だなあ」と楽しそうに笑ったそうだ。94歳になった母は、その言葉を今も心の支えにしている。

　私は、小学校の3年生から高校を卒業するまでの10年間を、伊勢で過ごした。実家は今も伊勢にあるが、もう誰も住んではいない。父は亡くなり、母は奈良で私と一緒に暮らしている。

　実家の庭には、大きな桜の木が2本ある。50年前に植えた時のことをよく覚えているが、こんなに大きくなるとは思わなかった。

　4月9日、桜を見るために、久しぶりに伊勢に戻った。

天を覆う、満開の桜の木の真下に立つと、美しいままの花びらが次々に降ってくる。

さまざまなこと思い出す桜かな

芭蕉の句が胸にしみた。

（2017年4月12日）

湖北へ

琵琶湖の北東、滋賀県長浜市の高月町《たかつきちょう》や木之本町のあたりは、湖北《こほく》と呼ばれ、観音菩薩の素晴らしい像が多い。

この春、久しぶりに湖北を訪ねた。まず高月町の西野薬師堂へ向かう。

小さなお堂のなかの薬師如来像も、十一面観音像も、およそ１０００年前に造られた。しかし、５００年前、寺は兵火で焼かれた。仏像は村人が辛うじて救い出したが、十一面観音の頭の上の小さなお顔はすべて焼けてしまった。現在の頭上面《ずじょうめん》は、両手の先や両足の先とともに、江戸時代の修理の際に付けられたものである。

薬師如来像は、延暦寺根本中堂の薬師如来像を模刻したと考えられている。しかし、左右の手はいずれも親指と人差し指で輪を作っており、これは薬師如来ではなく、阿弥陀如来のポーズだ。ただし、この手先も、のちの時代に補われたものなので、気にする必要はない。

そして今年、西野薬師堂に新しい仏像が仲間入りした。千手千足観音《せんじゅせんぞく》。千本の手をもつ千手観音は珍しくないが、千本の足（実際には40本）がある千足観音は他にない。

続いて木之本町の己高閣《ここうかく》と世代閣《よしろかく》へ向かう。いずれも、與志漏《よしろ》神社の社殿の近くに建つ展示収蔵施設である。

己高山《こだかみやま》は、奈良時代に行基が開いたとも、泰澄《たいちょう》が開いたとも言われる。泰澄は神の山である白山《はくさん》を開いた山岳修験の僧。空気が特別に澄んでいる日には、己高山の山頂から白山を遠望できるという。白山の神様は、本当は十一面観音だとも言われており、白山を取り巻く地域には十一面観音の像が多い。

かつて己高山には数多くの寺があった。しかし、今はひとつも残っていない。

己高閣の中央に立つ十一面観音像は、かつて己高山にあった鶏足寺《けいそくじ》の本尊である。己高閣は国庫補助により建てられた。世代閣は地域の人々の浄財で建てられたもので、この地にあった戸岩寺《といわじ》の仏像などを収蔵している。

世代閣の中央に立つ薬師如来像は、戸岩寺の薬師堂の本尊で、もとは己高山にあった法華寺の仏像だという。奈良時代の終わりころに造られた、力強い魅力的な仏像である。

己高閣と世代閣の仏像は、安置されていた寺をなくし、痛々しい姿になっているものも多いが、地域の人々の温もりに包まれて、ようやく安住の地を得たように思う。

最後に高月町の渡岸寺《どうがんじ》観音堂へ。ここには有名な国宝の十一面観音がおられる。

この像を、多くの人々は、美しいと大絶賛するが、私はそんなふうには思わない。

己高閣。雲が立ち上る背後の山が己高山（923ｍ）

とても暗い像、と私は思う。後頭部に付く暴悪《ぼうあく》大笑面《だいしょうめん》の表情も不気味で、この像が造られたのには、何か特別の事情があったような気がする。

寺伝では、奈良時代に天然痘が流行しておびただしい人が亡くなった時、聖武天皇が泰澄に造らせたという。実際には平安時代に造られた像だが、そのような伝承が生まれたのは、この像がもつ深い暗さゆえではないか。

織田信長と浅井氏との戦いで、寺は焼かれた。村人たちは、この観音像を土のなかに埋めて護ったという。

地域の人々に護られてきたたくさんの仏様。そして人々は、その仏様に支えられてきた。湖北には、奈良や京都とは異なる信仰世界がある。

（2017年4月26日）

室生寺

室生寺（奈良県宇陀市）へ行くたびに、ここは奇跡の空間だと思う。こんな山の中で、1200年以上も、ほとんど変わることなく、お寺が維持されているとは……。

奈良時代の終わり、皇太子が病気になった。天皇は室生の龍穴《りゅうけつ》で、5人の浄行僧《じょうぎょう》に「延寿法《えんじゅ》」をおこなわせた。その効果があってか、皇太子の病気は治り、やがて天皇になる。桓武天皇である。

桓武天皇によって、都は奈良から京都へ遷されて、時代は平安時代へと移っていく。室生の龍穴がなければ、桓武天皇の即位は実現せず、平安時代はやって来なかったかもしれない。

室生には龍がいると言われており、龍が住むという龍穴が今もある。室生は龍が住む聖地で、雨乞いの祈りがなされることも多かった。

桓武天皇は、「延寿法」に功のあった興福寺の賢璟《けんきょう》に、室生に寺を造るよう命じた。こうして今からおよそ1200年前、賢璟と弟子の修円《しゅえん》によって室生寺は創建された。

室生寺を代表する五重塔は修円の時代に建てられたと考えられている。高さは16メートル。屋外に建つ五重塔のなかではもっとも小さい。にもかかわらず、大きく堂々として力強く、美しく見えるのには、工夫がある。

写真からわかるように、塔に至る階段の最上段の幅と塔の屋根の幅が同じ広さに造られているので、階段の下からすでに塔が始まっているような気になる。だから大きく見える。

そして遠近法で階段の幅は上へ行くほど狭くなっていくように見えるが、塔の屋根の幅は上まで変わらないので、これが力強さを生んでいる。内部の柱も、思いがけないほどに太くてたくましい。五つの屋根の軒の裏側には白い輪郭線が施されている。これが緑のなかでとても目立つ。翼を広げ、「私を見て」と言っているようだ。

五重塔の下方には弥勒堂がある。本尊の弥勒菩薩像は、奈良時代の終わりころに造られたもので、室生寺における最古の仏像である。

これは修円ゆかりの像と言われることが多い。しかし、唐招提寺によく似た像があり、賢璟は鑑真和上に学び、唐招提寺とも縁が深かったので、賢璟ゆかりという説もある。

弥勒菩薩像の、向かって右には、釈迦如来像が安置されている。「これこそが仏さま！」と思わせてくださる、素晴らしい像である。

膝の張りが大きくて、全体が縦長の二等辺三角形の枠内にきれいに収まることが安定感を生んでいる。堂々としてたくましく、やさしい微笑みを浮かべるお釈迦さま。手の指の間には、水かきのような膜がある。すべての人を救いから漏らさないためである。

胸は分厚く、盛り上がっている。そのためなのだろう、この胸をなでると、お乳がよく出るようになるという信仰があった。

お釈迦さまの、向かって左の板壁には、布に綿を詰めて作った乳房が付けられている。

国宝の仏像に、今はもう触れることはできないが、祈りを込めてお釈迦さまの胸をなでた女性たちが御礼に奉納した布の乳房が、かつては堂内にたくさんあったそうだ。
（2017年5月10日）

快慶

いま、奈良国立博物館では、快慶の特別展が開催されている。

鎌倉時代の仏師で、運慶と並び称される快慶。しかし、運慶と快慶は、何もかもが、まったく違っている。運慶は最高の仏像を造ろうとし、快慶は仏を造ろうとした。

今回の特別展は、快慶のすべてがわかる決定版である。私たちが生きている間には、これほどまでに充実した快慶展を、もう二度と見ることはできないだろう。

担当したのは山口隆介研究員で、サブタイトルは「日本人を魅了した仏のかたち」。

快慶が造りだした仏のかたちは日本人を魅了した。そして、その後は、現在に至るまで、多くの阿弥陀如来像が、快慶の阿弥陀如来像のような姿形《すがたかたち》で造られていく。人々は快慶が造りだした仏のかたちを好み、選んだのだ。

ところで、運慶や快慶が大いに世に出たのは、重源《ちょうげん》のおかげである。

治承4年(1180)12月28日、平重衡《たいらのしげひら》(平清盛の子)は東大寺と興福寺を焼き討ちした。源氏と平氏の争いの時代。興福寺は反平氏の姿勢をとっており、反平氏勢力を一掃するため、南都の焼き討ちはおこなわれた。東大寺は、山の上にある二月堂・法華堂などを残して、ほとんどの建物が焼けた。大仏殿も焼け、大仏も溶けた。興福寺には山がないので、主だった建物はすべて焼け、興福寺は壊滅した。建物にはたくさんの仏像が安置されていた。残っていればすべてが国宝になったかもしれない数多くの仏像の、ほとんどが焼失してしまった。

そのわずか2ヶ月後、清盛は奇妙な熱病でこの世を去った。仏罰だとうわさされた。興福寺は、朝廷や藤原氏や興福寺自身によって復興が始まり、仏像はさまざまな仏師グループが分担制作した。

東大寺の復興は重源に一任された。重源は、仏像の制作者として慶派の仏師（運慶・快慶たち）を抜擢した。

慶派は、奈良の仏師集団だが、快慶は京都の人で、京都に工房をもっていたようだ。後白河法皇やその周辺の人々ともつながりを持っていた。

重源と快慶は親しかった。タイプは異なるが、ふたりともひたむきで、阿弥陀如来に深い信仰を持っていた。だから重源は、寺を建てると、快慶に阿弥陀如来像を造らせることが多かった。

仏は人ではない。人のように造っては仏ではなくなる。仏として思わず手を合わせたくなる阿弥陀如来像は、どのような姿形をしていればいいのだろうか。

ふわっと空中に浮かんでいるイメージ。どっしりした重みはいらない。それでは空中に浮かばなくなる。体の厚みもいらない。存在感は必要ない。ほのかに見え給う雰囲気。そして向こうからやって来る。静謐《せいひつ》でなければならない。美しくなければならない。くもりがあってはならない。輝いていなければならない。

快慶は阿弥陀如来を造り続けた。展覧会場にはたくさんの阿弥陀如来像が並ぶ。それは快慶が「信仰の人」であったことをよく示している。

そして信仰を抱《いだ》く人々は、それだからこそ、身分や立場を越えて快慶に深く共感し、快慶が造る仏のかたちに、強く心をひかれたのだろう。

（2017年5月24日）

善妙

京都の高山寺に、箱を捧げ持つ、若くて美しい女性の肖像が伝えられている。作者は湛慶（運慶の長男）。高さ31・4センチ。小さくてかわいい彫像である。彼女の名は善妙《ぜんみょう》という。唐時代の美女。なぜ、彼女は、高山寺にいるのか。

鎌倉時代に高山寺を創建したのは、明恵《みょうえ》上人《しょうにん》である。

お釈迦さまを深く思慕し、本当の仏教を再生させようとした明恵は、お釈迦さまの国＝天竺《てんじく》（インド）へ行こうと計画するが、春日社（現在の春日大社）の神様から渡航を留められる。これはよく知られた話である。

高山寺には「華厳宗《けごんしゅう》祖師絵伝」という国宝の絵巻が伝わっている。全7巻。このうち「義湘《ぎしょう》絵」と呼ばれる4巻は明恵が制作した。

義湘は朝鮮半島の新羅の僧で、唐で華厳の教えを学び、朝鮮半島に、初めて華厳宗の寺（浮石寺《ふせきじ》）を建てた。

唐に着いた義湘は善妙と出会う。義湘にひとめぼれした善妙は、思いを告白するが、「私は命を賭《と》して戒を守っている。仏法の力で衆生を幸せにしたいからだ」と、義湘に拒絶される。

善妙は恥ずかしくなるが、反面もっと好きになってしまう。そして、生まれ変わっても、影の如くに寄り添い、必ずお力になりたいと思う。

やがて修学を終えた義湘は帰国することになった。それを知った善妙は、義湘のためにさまざまな道具を用意し、箱に納めた。しかし、船はすでに港を出たと知らされる。善妙は顔を覆って泣くが、気を取り直して港まで行ってみると、はるか沖に義湘が乗った船の白い帆が……。善妙は浜辺に倒れて泣きじゃくる。

やがて善妙は立ち上がり、海に身を投げた。

しかし、物語はそれでは終わらない。善妙は龍に姿を変え、義湘が乗る船を追う。そして、たちまち船に追い付いた龍は、船に襲いかかったりはせず、船を背に乗せて、新羅へ送り届ける。

新羅に帰り、華厳宗の寺を建てようとした義湘は、妨害を受ける。今度は大きな石になった善妙。空中に浮かんで妨害者を追い払う。こうしてできたのが浮石寺である。

義湘に言い寄る善妙。浜辺で大泣きする善妙。海に身を投げる善妙。船を追う気合の入った龍の善妙。船を背に乗せて表情が一変する龍の善妙。その時々の善妙の心の動き、喜びと悲しみが、この絵巻には見事に描き出されており、善妙に対する作者の強い思い入れが感じられる。

絵巻の最後に明恵は記す。「愛心なきは、すなわち法器《ほうき》にあらざる人なり」。

法器は仏法を入れることができる器。愛の心のない人には仏教はわからない。善妙こそ法器だと断言する明恵は、善妙の像を造らせ、高山寺の鎮守として祀《まつ》った。善妙が捧げ持つのは、義湘に渡そうとしていた箱だった。

5月27日、私は18年ぶりに浮石寺を訪れた。大きくて美しい、静かな山寺である。

本堂の脇に、伝説の浮石《うきいし》があった。本当に少し浮いているようにも見える。

義湘は1300年以上も前に亡くなり、もうここにはいないのに、大きな石に変わった善妙は、今もひとりでずっとここにいるのだと思った。


（2017年6月7日）

浮石

元暁

今から1350年ほど前、新羅の義湘《ぎしょう》は、華厳の教えを学ぶために唐へ赴き、美しい善妙《ぜんみょう》と出会う。

一方、義湘とともに唐へ向かった元暁《がんぎょう》は、ある体験をしたことにより、引き返す。旅の途中、路傍の塚で夜を過ごしたふたりが、夜が明けて目にしたのは、散乱する人骨だった。激しい雨に行く手をさえぎられ、やむなくその塚でもう一泊すると、元暁は恐ろしい鬼の夢にうなされた。

墓だと知らなければ安眠できた。墓だと知ったら恐ろしい夢を見た。自分の心がすべてを決める。心のほかに師を求める必要はない。元暁は、そのまま新羅にとどまった。

このあと元暁は、路上で琴を弾いたり、海を見下ろす崖の上で坐禅をしたり、浜辺で月を詠じたりと、何物にもとらわれない、自由な日々を過ごす。国王が催した法会《ほうえ》には「元暁法師、その行儀、狂人のごとし」と批判する者がいて、招請されなかった。

元暁（617〜686）は、朝鮮半島の歴史上、もっとも独創的な思想家といわれる。

師につかずに仏法を学び、のちには結婚して子どもをもうけた。その後は俗服を着て多くの村々を歩き、人々を教化した。著作も多い。破戒僧でありながら、元暁は華厳の教えを大成した唐の法蔵にも影響を与えており、華厳宗の祖師のひとりとされる。

鎌倉時代に明恵上人が創建した高山寺（京都市）には、前回紹介した「義湘絵」（義湘と善妙を描いた絵巻）のほかに、元暁を主人公とした絵巻「元暁絵」も伝わっている。

これは明恵を慕う人々が、明恵の生前に、元暁に明恵を重ねて制作したものである。「元暁絵」を見ていこう。新羅の国王の后《きさき》が重い病になった。后の病を癒やすため、国王は勅使を唐へ派遣する。船で唐へ向かった勅使は、不思議な翁の導きで龍宮に至る。龍王は勅使に『金剛三昧経』という経典を与え、元暁に疏《しょ》（註釈書）を作らせて講讃すれば、后の病は癒えるだろうと教えてくれた。

国王に依頼されて、元暁は5巻からなる疏を完成させたが、元暁をねたむ人に盗まれてしまう。元暁は3日間で、あらためて3巻の略疏（『金剛三昧経論』）を著す。法会は無事におこなわれ、后の病は癒えた。絵巻はそこで終わる。

元暁の孫は薛仲業《せっちゅうぎょう》という。宝亀10年（779）10月、薛仲業が新羅からの使の一行に加わって奈良を訪れたところ、大歓迎され、詩を贈られた。元暁の孫だったからだ。

その詩の序文には、あの素晴らしい『金剛三昧経論』を著した元暁の孫に会えた喜びが綴られている。

高仙寺石塔

奈良時代には、元暁の著作が60種以上も日本に伝えられており、元暁の評価はとても高かった。なかでも『金剛三昧経論』は、本場の唐でも絶賛されたほどで、名著として知られていた。

元暁（そして薛仲業）は、日韓友好のシンボルとして、もっと大切にされていい人だと思う。

元暁が住んだ慶州の高仙寺は、ダムの建設によって、湖の底に沈んでしまった。しかし、石塔は国立慶州博物館の中庭に移されており、その力強い姿を見ながら、元暁をしのぶことができる。

（2017年6月21日）

真如親王

斉衡2年（855）5月23日、大仏さまの頭が落ちた。奈良時代に造られてから100年。相次ぐ地震によるダメージもあり、首の接合部が弱ったためと思われる。

落ちた頭を元に戻すのは、大仕事だった。これをやりとげたのが真如《しんにょ》親王である。平安時代のはじめ、平城《へいぜい》天皇の皇子として生まれ、次の嵯峨天皇が即位すると皇太子になった。しかし、平城上皇が都を奈良に戻そうとして失敗し、世を騒がせると、皇太子をやめさせられてしまう。そののち、東大寺に入り、三論宗の道詮《どうせん》に師事した。やがて空海の弟子になり、高弟のひとりに数えられた。

大仏修復を任せられた真如親王は、次のような方針を立てた。旧物を修理するほうが新たに造るよりも功徳が大きい。官物（公的資金）を投入すると、ひろく世の人々を救うことにならない。天下の人々に「一文の銭、一合の米を論ぜず、力の多少に随い」、協力してもらおう。

奈良時代、大仏の造立にあたって、聖武天皇は「大きな力で造るな、たくさんの富で造るな」と命じ、「一枝の草・一把の土《にぎり》をもって協力を申し出た人には、協力してもらうように」と述べたことを思い出す。

大仏さまは、大きな力ではなく、小さい力をたくさん集めて造る。聖武天皇のこの考え方は、その後もずっと受け継がれていく。

貞観3年（861）3月14日、修復がなった大仏の開眼会《かいげんえ》（魂を入れる儀式）が盛大におこなわれた。同じ日、全国の国分寺でも法会が催され、なぜこのようなことをおこなうのか、その理由が明確に説明された。開眼会の前後10日間は殺生が禁じられ、法会に集まった人々には戒が授けられた。

承和2年（835）正月、平城宮跡76町のうち、水陸地40余町を朝廷より賜り、真如親王はそこに超昇寺を創建した（現在はない）。「水陸地」のうち、「水」は佐紀池であろう。

大仏修復の大役を果たした真如親王はすでに63歳になっていたが、「諸国の山林を跋渉《ばっしょう》し（歩き回り）、斗藪《とそう》（仏道修行）の勝跡を渇仰《かつごう》せむ」と上表し、許された。しかし、国内ではなく、唐へ渡る。

超昇寺を出て南へ向かい、しばらく巨勢寺《こせでら》（御所市）に滞在したところ、南都の大寺の僧が続々と集まってきた。人望の厚い人だったことがよくわかる。

そして唐の明州に着き、長安の都に入ったが、よき師はおらず、天竺（インド）へ向

佐紀池

から。しかし、マレー半島あたりで消息を絶った。

ところで、鎌倉幕府3代将軍の源実朝が暗殺された時、妻は27歳だった。

夫の死から53年後、80歳になった彼女は、歴史の舞台に再登場する。彼女は実朝の冥福を弔うために出家し、京都に遍照心院を開いていたが、人生の終わりが近づき、置文《おきぶみ》（遺言状）を作成した。

そこに、真如親王について「命を忘れて法を弘むる志、ひとえに利益衆生《りやくしゅじょう》のためなり」とあり、それゆえに我寺では（真如親王が学んだ）三論宗を学ぶと記している。

求法のために命を捨てた真如親王が、400年後、深い悲しみを抱いて生きるひとりの女性の心を揺り動かした。

時を超えてめぐりあう人の想い。歴史は不思議だ。


（2017年7月5日）

源信展

奈良国立博物館で、源信《げんしん》の特別展が始まった。副題は「地獄・極楽への扉」である。源信は『往生要集《おうじょうようしゅう》』を書いた人で、ちょうど千年前の１０１７年に亡くなった。平安時代に比叡山で活躍した天台宗の高僧なので、京都の人というイメージがあったが、実は奈良の人である。生まれた場所は、葛城市の當麻、香芝市の良福寺・狐井《きつい》あたりと考えられている。

さて、地獄は地下の牢獄という意味で、私たちが住む世界のなか、地中の奥深くにあるとされる。極楽は極楽浄土のことで、私たちの世界には存在しない。私たちの世界にはないというのが重要な点で、だから私たちは、自力では極楽へ行くことができない。

地獄の反対は、天である。極楽ではない。天は私たちの世界のなかにあり、地獄が究極の苦しみの場所であるのに対して、快楽の場所である。

普通、私たちは地獄の反対を極楽だと考えるが、これは源信の『往生要集』が創り出した世界観である。地獄の様子を思い浮かべようとして浮かんでくるイメージも、やはり『往生要集』が創り出したものだ。

『往生要集』は、経典の文章を引用して、地獄の様子を生々しく克明に語る。地獄はいやだと誰もが思うに違いない。そして、天もまた、所詮は苦しみの場所であって、願わしいところではないことを明瞭に示す。

そうであれば、苦しみの世界を離れて極楽へ行きたい。極楽には阿弥陀如来が住んでおられる。つまり阿弥陀如来は私たちの世界にはおられないのだが、時々来てくださるのだから、私たちの世界と極楽をつなぐルートをご存じだということになる。だから、阿弥陀如来に連れて行っていただくしかない。源信は阿弥陀如来を観《み》る（観想する）ことを勧める。阿弥陀如来の全身が無理なら、額《ひたい》にある白毫《びゃくごう》だけでもいい。白毫から出た光に自分が包まれている様子を想像する。それもできなければ「南無阿弥陀仏」と称《とな》えるだけでもいい。この考え方が、やがて法然や親鸞を登場させる。

源信は優秀な学者であり、信仰に生きるすぐれた宗教者でもあった。すべての人々を極楽に導くために『往生要集』は書かれた。自分を誹謗《ひぼう》する者もまた、共に極楽へ行こうと源信は記している。

源信の姉妹も素晴らしい人たちだった。妹（願証尼）の伝記には「学問的才能も仏道精進の志も、ともにその兄を越えている」とある。

これは、ひとえに母の力によるものだった。その母が祈願した（そして源信が生まれた）

源信の誕生地と伝えられる阿日寺(奈良県香芝市)

高尾寺《たかおじ》の観音菩薩像が、源信展の会場の最初におられたのはうれしかった。

そして会場の最後には、保安寺(愛媛県八幡浜市)の阿弥陀五尊像が並んでおられた。

15年ほど前、奈良国立博物館に、愛媛県美術館の西田多江さんが研修に来た。戻ってからも、鑑真和上展や法隆寺展を一緒にやったので、とても親しかったのだが、病のため、若くしてこの世を去った。彼女の研究テーマが、保安寺の阿弥陀五尊像だった。

源信展の内覧会の日、たまたまそのひとときだけ、五尊像の前には私ひとりしかいなかった。私は西田さんを思いながら、半ば涙ぐんで、阿弥陀如来像に手を合わせた。

(2017年7月19日)

西大寺展

あべのハルカス美術館（大阪市阿倍野区）で「奈良西大寺展」が始まった。

近鉄の大和西大寺駅のすぐ近くに西大寺がある。

西大寺は、奈良時代に、称徳天皇によって創建された。称徳天皇は聖武天皇と光明皇后の愛娘《まなむすめ》。西大寺は、両親が創建した東の大寺（東大寺）に対する西の大寺として、奈良時代にはとても大きなお寺だったが、平安時代になると急速に衰えていく。その西大寺を鎌倉時代に復興したのが叡尊《えいそん》である。

今回の展覧会は、西大寺の創建1250年と、叡尊の肖像が国宝に指定されたことを記念して開催されるもので、東京・大阪・山口を巡回する。

西大寺展が開かれるのは27年ぶりのこと。平成2年（1990）に奈良国立博物館で開催された前回の西大寺展は、叡尊の700年忌を記念するもので、叡尊の命日である8月25日が初日だった。

私はその西大寺展の担当者のひとりだったが、展示作業の追い込み中の8月20日に長男が生まれたので、この時のことは印象深い。

ちなみに、あべのハルカス美術館での今回の西大寺展が始まった7月29日は、その長男の結婚式の日だったので、西大寺（と叡尊）との不思議なご縁を感じながら、27年の時の流れにしみじみと思いを致した。

叡尊は「興法《こうぼう》利生《りしょう》（正しい仏教をさかんにして、みんなを幸せにする）」をめざして、たったひとりで行動を起こし、90年の生涯をおくった。

興正菩薩叡尊像

叡尊の肖像は、叡尊が80歳の時に、弟子たちが制作したもので、像内に弟子の名簿が納められていた。それによると、叡尊の弟子はなんと1548名もいて、その4割は女性だった。こんな人は他にいないだろう。

この叡尊像には、驚くべき秘密があった。

仏さまの額《ひたい》には白毫《びゃくごう》がついている。長い長い白い毛が、くるくるくるっと巻いてくっついているのが白毫で、仏さまのシンボルである。もちろん叡尊の額に白毫はないが、叡尊像の顔の内部に、白毫が取り付けられていた！

それは銀の針金を巻いたもので、顔の正面からX線で撮影すると、ちょうど白毫の位置に取り付けてある。銀の針金は酸化して黒くなっていたが、もとは白く輝いていたはずで、まさに白毫である。

弟子たちは、先生は人間ではない、仏さまだと思っていたのだろう。だから先生には内緒で、こっそり白毫を付けたに違いない。このことだけでも、叡尊がどういう人であったか、弟子たちが先生のことをどれほど慕っていたかがよくわかる。

叡尊は正応3年（1290）8月25日に亡くなった。叡尊の遺骸を乗せた輿《こし》は、22人の弟子がかつぎ、叡尊が復興した西大寺の境内を巡って（先生に最後にもう一度見ていただくためであろう）、そのあと、火葬するために、少し離れた茶毘所《だびしょ》へ運ばれた。

茶毘所の北側には仮屋が建てられ、人々が集まった。この夜、叡尊像が西大寺の西《にし》室《むろ》から仮屋に運び込まれた。

私は、この時、叡尊の魂がこの肖像に移った、と考えている。魂を移すために、像は茶毘所の仮屋に運ばれた。

だから、もうこれは、叡尊像ではない。叡尊その人自身だ、と私は思っている。

（2017年8月2日）

共にこれ凡夫のみ

先日、毎日新聞の夕刊を開いたら、紙面の左下隅あたりで、「憲法」「十条」の文字が目に入った。「九条」ではなくて「十条」……。

視線を移すと、花澤茂人記者が、コラム「憂楽帳」に、聖徳太子の「十七条憲法」の第十条について書いていた。

ある日、花澤さんが、法隆寺の高田良信《りょうしん》長老に、平和への思いを尋ねたところ、「(平和は)具体的にどうしたら実現するんやろうか」と質問を返された。花澤さんが言葉に詰まっていると、「ヒントは、(十七条憲法の)第十条にあると思う」と言われた。

「人みな心あり」。だから、人はそれぞれに考えが違う。それが当たり前なのだから、自分と考えが違っていることで他者を怒ってはならない。「我、必ずしも聖《ひじり》にあらず。彼、必ずしも愚《おろか》にあらず」。第十条にはそういうことが書いてある。

高田良信さんは今年の4月に亡くなった。「我こそが正義」と叫ぶ声が世界中で響くようなこの時代をどう見つめていたのか、もう一度聞きたかった、と花澤さんは締め括っている。

とてもいい文章だと思った。高田良信さんへの追悼文として、これ以上のものはたぶん書けないだろう。

ところで、第十条は、そのあとに「共にこれ凡夫《ぼんぷ》のみ」と続ける。すべての人は、聖ではなく、そうかと言って、愚でもない。誰もが凡夫に過ぎない。凡夫の自覚があれば、むやみに人を批判したり、怒ったりはしないだろう。人を批判するのは、自分が正しいと思っているからである。「共にこれ凡夫のみ」は、20年前から私の座右の銘のひとつになっている。

聖徳太子の話をする際には必ずこれに触れる。勤務している帝塚山大学でも、毎年、1年生に必ずこの話をする。私も、考えの違う人に対して不快な気持ちになることは少なくない。そのたびに「人みな心あり」「共にこれ凡夫のみ」と、自分に言い聞かせている。

十七条憲法は面白い。

第八条には、公務員は朝早く出勤して夜遅く帰るようにとある。残業を減らそうとする現代の風潮には真っ向から対立するが、みんなのための公《おおやけ》の仕事は限りなくあって、終日働いてもすべてを片付けられないからだという考え方には共感できる。

第十七条には、大事なことは必ずみんなで相談して決めるようにとあり、現代の言葉のようだ。

十七条憲法は聖徳太子が作ったものではないとも言われるが、それなら誰が作ったのか。仮に後世の人の作だとしても、『日本書紀』に収められているので、8世紀の初めには存在していた。その頃までの人で、「共にこれ凡夫のみ」と言えるような人がいただろうか。私には思いつかない。だからやっぱり聖徳太子の作だと私は考えている。

聖徳太子の産湯を汲んだと伝えられる井戸（春井）の石碑

聖徳太子は「世間虚仮《せけんこけ》、唯仏是真《ゆいぶつぜしん》」とも言っていた。この世のことはすべていつわりそらごとで、仏だけが真実である。どのような精神の遍歴の果てに、そのような境地に到達した（到達してしまった）のだろう。こんなことを思い始めたら、政治の世界では生きられない。

「共にこれ凡夫のみ」と「世間虚仮、唯仏是真」は、聖徳太子に近づくための、必須のキーワードだと思う。

（2017年8月23日）

畝傍山

私の父は22年前に亡くなった。父が亡くなったあと、まだ3歳だった次男と電車に乗っていたら、次男が窓の外を指さして言った。

おじいちゃんは、あそこにいるの？

驚いて窓の外を見ると、そこに畝傍山《うねびやま》があった。

なぜ、次男はそんなふうに思ったのだろうか。人は死んだら山に帰る。そういう話をしたことは一度もない。

『日本書紀』によれば、初代の天皇である神武《じんむ》天皇は橿原宮で即位した。橿原宮は畝傍山の東南に造られた宮である。

「畝傍山の東南の橿原の地は、思うに国の真ん中であるから、ここに都を造るべきだ」神武天皇がそう言われたと、『日本書紀』には書いてある。

その記述がその通りだとすれば、神武天皇は、畝傍山の東南の地を、国の真ん中として選んだ。畝傍山は、国の真ん中を指し示す山だった。

『古事記』では、神武天皇のあとを継いだ皇子は、義母（亡き父帝の妃）を娶《めと》り、義母

畝傍山

の子を殺そうとする。義母は、畝傍山は夕暮れに木の葉がざわめくという歌を詠み、危険を知らせる。

畝傍山は、ここでは悪《あ》しき心を秘めた人物にたとえられており、聖なる山のイメージはない。

畝傍山、天香久山《あまのかぐやま》、耳成山《みみなしやま》を大和三山と呼ぶ。いずれも標高２００メートルに満たない山だが、意外なほどに存在感がある。特に畝傍山は格別だ。

香久山は畝傍を愛《お》（または惜）しと耳成と相
争ひき……

万葉集の有名な歌。天香久山（男）が、畝傍山（女）を耳成山（男）と争う。

３つの山のなかでは畝傍山が一番高い。万

葉集では「を愛（または惜）し」を「雄男志」と表記しており、性別で言えば、畝傍山は男性のような気もするが、美しい山容が遠くから目立つので、女性であってもおかしくはない。

神々の世界である高天原にも天香久山があり、それが落ちて来たのが大和の天香久山らしい。万葉の時代には天香久山が聖なる山だった。

本格的な最初の都（藤原京）は天武天皇が造り始めた。当時は新益京《あらましのみやこ》と言った。天皇のいる場所が宮。藤原宮は藤原京の真ん中に位置しており、それは大和三山の真ん中でもあった。『日本書紀』によれば、天武天皇はみずから都を巡回して「宮室《みや》之地《どころ》」を定めたという。

通常、天子は南面する。天子（皇帝／天皇）は、都の北の端で、南を向くことになっている。たとえば、京都の右方が左京、左方が右京なのは、都の北端で南面している天皇から見てのことだからである。

天武天皇が藤原宮を都の真ん中においたのは、最新の情報を知らなかったのだとか、中国の古い都のあり方、特に「周礼《しゅらい》」という書物にもとづいたのだとか、さまざまに言われているが、最終的には、天武天皇は、現場において、自分自身の考えにもとづき、あの場所を聖地として選んだのだと思う。天香久山の西、畝傍山の東の、あの場所を。

天武天皇は薬師寺を建て始めた。薬師寺の造営は都の建設と連動していた。薬師寺には東西ふたつの塔が建てられたが、それには前例がない。本尊の薬師如来像にも、その台座にも、他の仏像にはみられない多くの特徴がある。そこにはいずれも天武天皇の独自の構想があったと私は考えている。

天武天皇が選んだ、今は藤原宮跡と呼ばれるあの特別な場所に立ち、天武天皇の心の中を想像しながら、畝傍山を眺めるのが好きだ。

（2017年9月6日）

樹樹

四ノ室《しのむろ》の辻子《ずし》は、餅飯殿《もちいどの》通から元林院《がんりんいん》へ向かう、とても細い道だ。現役時代の小錦だったら、きっと通り抜けられなかったに違いない。

この道沿いに「樹樹《じゅじゅ》」というお店がある。ジャンルで言えば、ダイニング・バーだろうか。今年、開店20周年を迎えたが、きょう9月20日に店を閉じる。

樹樹は、私のお気に入りの店だった。20年間、ここに通った。ここでさまざまな人と出会い、ここへさまざまな人を連れて来た。

3年半前に奈良国立博物館を退職するまでのおよそ8年間は、午前0時になる前に博物館を出ることがほとんどなく、樹樹は午後11時ころには閉店するので、たぶん私は、来る回数がもっとも少ない常連客だったのではないか。

20年前、ある食事会で、隣に坐った若い女性が、大皿の料理を取り分けてくれた。その手際の良さに感心したら、樹樹でバイトをしている女性で、そのとき初めて樹樹の存在を知った。

樹樹にはカウンターとテーブル席があり、二十数人が入れる。平田夕記子さん（以下、夕記さん）ひとりでは対応できないので、奈良女子大や奈良教育大の学生など、バイトの女性が手伝っていた。

夕記さんとは、美意識や、大切に思う事柄が、よく似ていて、それがうれしかった。私は小学校の3年生の時から、どの組織・集団のなかにおいても、周囲に対して常に違和感があった。しかし、樹樹は心地よかった。常連の人たちが、まさに多士済々で、博学博識の人が多く、カウンターで話を聞いているだけでも楽しかった。

親友である渡辺弓雄さんと初めて話をしたのも樹樹のカウンターだったし、『仏教発見！』を編集してくれた講談社の川治豊成《ほうせい》さんに初めて会ったのも樹樹のカウンターだった。女優の紺野美沙子さんと奈良でご一緒する時には、何度も樹樹にお連れした。

樹樹はおしゃれな店。カウンターには夕記さんが選んだ美しい花がいつも飾られていた。流れる音楽も夕記さんの好みで、音楽に詳しい常連さんも多かった。

樹樹には外国人のお客さんも次々にやって来た。英語のメニューがあり、夕記さんも英語で会話ができた。

樹樹はそれまでの奈良にはないタイプの店だった。

樹樹のメニューには肉料理がない。トマトとかりかりジャコのサラダ、マグロとネギの串かつ、チーズぎょうざ、アボカドのさしみ、麩とゴーヤのチャンプル、チヂミ、明太子と大葉のパスタ……。そして、お酒は何でもそろっていた。

ある日の「樹樹」。中央が平田夕記子さん

奈良国立博物館の館長だった（そして早くに亡くなられた）鷲塚泰光《ひろみつ》さんが好きだったボンベイ・サファイヤも置いてあり、鷲塚館長をしのびながら飲むこともあった。

子どもが小さかった頃、家族で遊びに行ったりもした。長男と次男は夕記さんに腕相撲をしてもらい、末の娘は、そのころお店の隅で飼っていた金魚に餌をやらせてもらって喜んでいた。

あれから20年が過ぎた。

樹樹は人が集まる場所だった。樹樹は深い話を楽しくできる場所だった。樹樹を失った常連たちは、これからどこをさ迷うのだろうか。

（2017年9月20日）

華厳

「華厳経《けごんきょう》」という経典がある。東大寺の大仏は、この「華厳経」にもとづいて造られた。

大仏は、大きいから大仏と呼ばれているのであって、本当の名前は盧舎那仏《るしゃなぶつ》という。この盧舎那仏が、「華厳経」の主人公である。

華厳とは「華で厳《かざ》る」という意味。ここでいう華は、本当のお花ではなく、人のおこないのこと。

誰かがどこか、誰も知らないところで、何かひとつ、いいことをした。すると、それは、ひとつの小さなお花になり、この世界を美しく飾る。

実は、盧舎那仏自身が、この世界を、すでに相当美しく飾ってくれているらしい。さあ、今度は、私たちが世界を美しく飾る番だ。これが華厳の思想である。

でも、いいことができない人はどうなるのか。

たとえば、寝たっきりで、認知症が進み、自分が誰かもわからなくなって、介護されることによって、辛うじて存在し続けている高齢の方々。あるいは、重い障害をもって生まれて来て、すぐにこの世を去っていく子どもたち。こういう人たちは、世界を美しく飾れないではないか。

違う。そうではない。「華厳経」は、あらゆる存在は、そこに存在しているだけで、すでにひとつのお花だ。そこに存在しているだけで、すでにこの世界を美しく飾っている、と説いている。

だから「あらゆる存在」は、すべて価値がある。意味がある。等しく尊い。これが華厳の思想である。あらゆる存在とは、もちろん人間だけではない。すべての動物も、すべての植物も、そして、命なきものも含まれている。

聖武天皇は、たくさんの経典のなかで、「華厳経」が一番素晴らしい、「華厳経」を中心にして仏教を理解しようと言っておられる。

ところで、私の母は今年、95歳になった。とてもしっかりしてはいるが、足が弱り、力がなくなって、いろんなことが、かつてのようには、自分でできなくなった。

母には、それがとても悲しくて辛くて情けないことに思われるようで、生きていても迷惑をかけるだけ、早く迎えに来てほしい、というようなことを時折言う。

私はそのたびに華厳について語る。

「華厳経」というお経がある。その「華厳経」ではね、すべての存在は、それぞれひとつのお花になって、この世界を美しく飾っているって言ってるんだよ。お母さんが

この世界を美しく飾っている。お母さんがいなければ、世界はお花をひとつ失う。美しさをひとつ失う。「華厳経」はそんなふうに言っている。そして聖武天皇は、この「華厳経」の教えに基づいて、大仏さまを造ったんだよ。
すべてが尊いのなら、すべては平等である。「華厳経」の教えは、究極の平等思想でもある。

聖武天皇は、すべての動物・すべての植物が、ともに栄える世界をめざしていた。そして、一本の草、ひとにぎりの土をもってやって来た人たちとも、一緒に大仏を造りたいと言われた。単なるきれいごとではない。これは、華厳の思想からしかでてこない考え方だと私は思う。

盧舎那仏は、太陽のように、すべてを照らし、すべての存在に、明かりと温もりをくれる。聖武天皇はそういう仏を造りたかったのだ。

（２０１７年10月４日）

御杖村

「へき地教育」とは、山間や離島など、都市的地域から遠く離れた場所でおこなわれる教育のこと。

「へき地」という言葉には恵まれない地域というニュアンスが感じられ、あまり使いたくない言葉だ。しかし、「へき地教育振興法」という国の法律にもとづいているのだそうで、公的には使わざるを得ないらしい。

来月、奈良県宇陀市で開催される「へき地教育」の研究大会で話をすることになった。今回の研究大会の対象地域は、御杖《みつえ》村と曽爾《そに》村である。

ところで、伊勢の神宮（内宮《ないくう》）のご祭神である天照大神《あまてらすおおみかみ》は、はじめは宮中に祀《まつ》られていたが、よき場所を求めて、大和から各地を移動し、やがて伊勢にたどりつく。天照大神を伊勢にお連れしたのは、倭姫命《やまとひめのみこと》という女性であったとされる。

御杖村という名前は、倭姫命が、神宮の候補地として、ここに杖を残していったことに由来する。御杖村役場の公式ホームページにはそんなふうに書いてあった。

そうすると御杖村は、倭姫命が聖地として選んだ場所、御杖村は、倭姫命に選ばれた場所ということになる。

10月8日、御杖村の桃俣《もものまた》にある春日神社の秋祭りに行った。獅子舞を見たかったからである。

かなり早く神社に着いたので、まだ準備中だった。でも準備作業をしている様子が好ましく、私は桃俣の人たちにすぐに親しみを感じた。

二人で演じる獅子舞には、宮参り、剣、荒神祓《こうじんばらい》、新短、参神楽、長神楽、荒廻し剣、背継など、さまざまな演目がある。その配役表には「宮参り　前／米須、後／はるちゃん」「剣　前／栗栖さん、後／亨秀さん」「荒神祓　前／美樹さん、後／奥田先生」というふうに書いてあり、みんなの仲のよさが伝わって来た。

太神楽《だいかぐら》曲芸師の豊来家玉之助さんや、和太鼓のプロの方が登場することに、初めはかすかに疑問をもった。そういうことをすると、古くからの伝統とは違ってしまうのではないかと。

でも、その考えは間違っていた。最後に全員が登場してくると、私は涙が止まらなくなった。

みんな仲良くて、一生懸命で、楽しそうで、今まで見たことのない、幸せな世界がそこにあった。これは夢なのではないかと思った。祭りを見て涙を流したのは初めてだった。

桃俣には子どもがひとりもいない。かつては小学校があったが、御杖小学校に統合された。祭りの場に小さな子どもたちがいた。村を離れた人が、子どもを連れて祭りに戻って来ていたからだ。

子どもがいなければ、この祭りはやがて滅びる。この素敵な獅子舞もやがて滅びる。

獅子舞のすべてが終わり、みんなが集まって記念写真を撮っていた。私も撮らせてもらった。写真を拡大したら、みんなが笑っていた。部外者でよそ者の私に、みんなが幸せそうに微笑んでいた。「へき地」という言葉は嫌いだ。かけがえのない豊饒が御杖村にはある。

御杖村のお隣の曽爾村にも、素晴らしい獅子舞が伝えられている。来年は曽爾村の獅子舞を見に行きたい。御杖村の別の地域の獅子舞も見たい。ああ、でも、桃俣の獅子舞を、もう一度見に行きたい。

（２０１７年10月18日）

箜篌

箜篌《くご》という楽器がある。

「ある」と書いたが、本当はもう「ない」。いや、ずっと前に滅んでしまっていたのだけれど、壊れてはいるが、正倉院に部材が残っていたので、それを復元して、また演奏されるようになった。

10月28日に始まった今年の正倉院展には、久しぶりに箜篌が展示されている。

箜篌はハープに似た絃楽器である。しかし、ハープとはかなり違う。

ハープは、共鳴胴と前柱と曲線の枠で全体をすっかり囲ったなかに、たくさんの弦が張られている。

現在、多く使われているダブル・アクション・ハープでは、弦の数は47本で、ペダルを踏むことによって、1本の弦から3つの音を出すことができる。弦は羊の腸を

ハープ

細く切り裂いて作るガットである。

箜篌は、共鳴胴と肘木《ひじき》だけで支え、それをつなぐ斜めの枠がないので、全体を囲っておらず、絃をしっかり張ることができない。絃の数は23本で、絹糸で作られている。

短い絃は高い音。長い絃は低い音。箜篌は全体を囲う枠がないために、長い絃を強く張れず、低い音は必然的に弱い音になる。高い音は強く、低い音は弱い。

箜篌

これに対して、ハープは高い音も低い音も強く、ふたつの楽器が生み出す音楽は、本質的に別物になっていく。
ガットの場合は「弦」、絹糸の場合は「絃」と表記することが多い。血まみれの羊の腸から作るハープの弦と、絹糸から作る箜篌の絃では、生まれる音がそもそも異なるような気がするが、これは気分だけの問題かもしれない。
箜篌は西方に起源をもつ楽器で、中国に伝来し、朝鮮半島の百済を経由して日本に伝わった。このため「百済琴《くだらごと》」とも呼ばれる。確かに音色は、ハープよりも琴に近い。

箜篌は、『法華経』『大般涅槃経《だいはつねはんぎょう》』『大宝積経《だいほうしゃくきょう》』をはじめ、さまざまな経典に登場しており、いずれもその美しい音色が絶賛されている。

『法華経』の場合、インドの言葉で記された原文に箜篌はなく、中国で翻訳された時に付け加えられているのが面白い。箜篌が中国で愛好されたことがよくわかる。

唐の李賀の詩に、箜篌を詠んだものがある。名人が箜篌を演奏すると、空を流れる雲もしばらく流れを止めて聞き入り、天は破れて雨が降り、聖なる鳳凰が鳴いたそうだ。箜篌の音は鳳凰の鳴き声にたとえられる。鳳凰は桐（正しくは梧桐《あおぎり》）にしか止まらないので、箜篌は桐で作ると言われている。「桐に鳳凰」の花札や家紋もあるので、鳳凰と桐の親近性が感じられる。

ところで、人が弾かないのに鳴る時の箜篌の音色が一番美しいそうだ。私は一度だけ聞いたことがある。

15年前の秋、東大寺の大仏殿で箜篌の奉納演奏があった。その日は風が強く、演奏が始まる前に、立て掛けてあった箜篌がひとりで鳴り始めた。あの時のことは忘れがたい。

私は箜篌がとても好きだ。9月5日を「箜篌の日」に制定しませんか。

（2017年11月1日）

光明皇后と薬

正倉院展が終わった。

緑色のガラスのさかづきがきれいだった。玳瑁《たいまい》の杖の超絶技巧に驚かされた。

展示されていたたくさんの宝物のなかで、私の心に特に深く染み入ったものは、臈《ろう》蜜《みつ》と酒人内親王《さかひとないしんのう》献入帳だった。

臈蜜は、ミツバチの巣を加熱圧搾して採取する蠟《ろう》で、奈良時代には薬として内服した。現在は蜜蠟と言って、化粧品に使われている。

聖武天皇は、天平勝宝8歳（756）5月2日に56歳で亡くなった。それから四十九日が過ぎた6月21日、光明皇后は聖武天皇が大切にしていた品々を、すべて大仏さまに献納した。正倉院宝物のうち、北倉《ほくそう》の宝物はこうして誕生した。

そして、同じ日に、光明皇后は60種類の薬も大仏さまに奉納した。おそらく聖武天皇のために集められていた薬であろう。臈蜜もそのなかに含まれていた。

想像してほしい。大きな部屋に、櫃《ひつ》に収めた多種多様大量の薬が置かれている。部屋に入ると、目の前には薬、薬、薬。でも、それを飲んでほしい人は、もうこの世に

臈蜜　正倉院宝物

はいない。そんな部屋には入りたくない。悲しすぎる。

光明皇后は、それらの薬も大仏さまに奉納した。病気で苦しむ人のために使ってくださいという文章を添えて。

その文章には、これらの薬を飲むと「万病悉除（どんな病気も治る）、千苦皆救（どんな苦しみもなくなる）」と書いてある。

体の病、心の苦しみ。体と心の両方だから、これで全部だろうという気になるが、次の行に、もうひとつ書いてある。「無夭折（幼いうちに死なない）」。

光明皇后の子どもは夭折《ようせつ》した。聖武天皇との間に生まれた長男、待望の皇子、後継ぎになるはずの男の子は、満1歳を迎えることなく、赤ちゃんのまま、この世を去った。

それから28年が過ぎて、今度は夫である聖武天皇が亡くなった。

聖武天皇のために集められた種々の薬。あのとき、これらの薬があれば、あの子は死なずにすんだのに。光明皇后はそんなふうに思っているのだろう。光明皇后の無念の思いが伝わってくる。

臈蜜。おいしそうなクッキーのようにも見えるこの臈蜜の向こうには、幼い子どもを亡くし、夫を亡くした、ひとりの女性の深い悲しみが潜んでいる。

光明皇后は天平2年（730）に施薬院を建てた。病院である。これは子どもを亡くした2年後のこと。たぶん光明皇后は、子どもを亡くした悲しみのなかで、病院を建てようと思いついたのだろう。

大仏さまに奉納されたたくさんの薬は、もちろんその施薬院でも使われたが、平安時代に入ると、正倉院の薬は次第に使われなくなっていく。そのために、現在でも60種のうちの40種が、数や量を減らしながらも、正倉院に残っている。

今年の正倉院展には、麻布で作った臈蜜の袋も展示されていた。ただの袋と言えばただの袋である。しかし、光明皇后が作成した薬の目録には、臈蜜には袋が付属している（つまり、臈蜜は袋に入っている）ことが明記されているので、「ああ、これがその袋なのか」と思うと、なんとなくしみじみした。


（2017年11月15日）

ふるさと教育

7年前の夏、やまぞえ小学校（山添村）を訪ね、それぞれの学年の授業を拝見していたら、校長先生に「6年のこどもたちに話をしてもらえませんか?」と頼まれた。

さっそく私はこどもたちに質問した。「大仏さまは誰が造ったでしょうか?」そして「聖武天皇」という答えを待って、続いてこんなふうに問いかけるつもりだった。

「聖武天皇と力を合わせて大仏さまを造ったお坊さんがいます。それは誰でしょうか?」

返ってきた答えに驚いた。

「聖武天皇と行基《ぎょうき》さんが力を合わせて造りました」

いきなり2問分の答えを言われてしまったが、これは偶然ではない。山添村のこどもたちは、行基さんのことをよく知っているからだ。

「奈良で大仏さまを造っている頃、行基さんはこの山添村にもお寺を建てました。なんというお寺でしょうか?」

「神野寺《こうのじ》!」正解である。

「神野寺には素晴らしい仏像が伝わっています」と言って、たまたま持っていた仏像の写真をみせた。

「知ってる！　知ってる！」

飛鳥時代に造られた小さな菩薩半跏像《ぼさつはんかぞう》。右手を頬にあてて考えごとをしている。

およそ20分間の話が終わり、記念写真を撮った。こどもたちがくっついてくる。

そのあと教室を出ようとしたら、ひとりの男の子が近寄って来て「もう帰るの？」と聞く。「まだ帰らないよ。一緒に給食を食べます」と言ったら、「やったあ！　僕の班で食べて。僕の班で食べて」と大喜び。私はなぜだか涙が出そうになった。

秋になって、滋賀県立近代美術館の展覧会に行ったら、神野寺の菩薩半跏像がおられた。大きな軍荼利明王《ぐんだりみょうおう》像の前、小さな菩薩半跏像が、ケースのなかで、やはり何かを考えていた。

小さな仏像と、やまぞえ小学校のこどもたちが重なり、いとおしかった。

この訪問記が毎日新聞に掲載されて1週間が過ぎた頃、6年生のこどもたち全員から手紙が届いた。

「私たちのことをいとおしいと書いてくださってうれしかったです」「山添村の北野天神社にも行ってください。きっと心が落ち着きますよ」

私は山添村を再訪し、こどもたちと再会した。そして、その帰りに北野天神社へ行ってみた。

北野天神社

毎週水曜日の午後、地元のこどもたちは、こどもたちだけで、北野天神社の掃除をしている。だから神社に愛着を持っているのだろう。

山添村へ行ったのは、奈良県の「へき地教育」の大会で記念講演をするためだった。この年は山添村と月ヶ瀬村が対象地になっていた。

7年が過ぎ、ふたたび「へき地教育」の大会での記念講演を依頼された。今回は近畿地区と奈良県との合同の大会で、奈良県の大会の対象地は御杖《みつえ》村と曽爾《そに》村だった。

御杖村桃俣《もものまた》にある春日神社の秋祭りに行ったのは、その準備のためだった。獅子舞が素晴らしかった。

「へき地」を漢字で書くと「僻地」。「僻」は「かたよる。ひがむ。よこしま。かたすみ。かたいなか」という意味だ。山添村を「へき地」と言いたくない。御杖村を「へき地」と言いたくない。

「へき地教育」という言葉もきらいだ。代わりの案を考えてみた。たとえば「ふるさと教育」はどうだろうか。

（2017年11月29日）

学文路の苅萱堂

高野山の麓《ふもと》、南海電車の学文路《かむろ》駅（和歌山県橋本市学文路）から少し坂を登ると、苅萱《かるかや》堂《どう》がある。

中に入ると、中央に苅萱道心、向かって右に千里《ちさと》の前、向かって左に石童丸《いしどうまる》の像が祀《まつ》られている。

江戸時代には、人々はそこから高野山まで長い坂（不動坂）を登っていったが、山の上にたどり着くと、そこにも苅萱堂があった。

「苅萱《かるかや》」という古い物語がある。平安時代の末、筑紫国（福岡県）の加藤繁氏《しげうじ》は、手にしたさかずきに、まだ開いていない桜のつぼみが落ちてきたのを見て、無常を感じ、家族を捨てて、家を出た。

そのとき繁氏はまだ21歳。奥さんの千里の前は19歳で、ふたりの間には小さな女の子（千代鶴姫／3歳）がいた。千里の前は身ごもっており、お腹のなかの子どもが石童丸である。

十数年後、千里の前と石童丸は、千代鶴姫を残して京へ向かう。そして繁氏が高野山にいると聞いて、さらに高野山をめざす。

ようやく学文路まで至った母子が玉屋という宿に泊まったところ、そこの主人から、高野山が女人禁制であることを知らされる。

やむなく石童丸だけが高野山へ登り、会う僧ごとに父の所在を尋ねるが、誰も相手にしてくれない。

ある日、奥之院の弘法大師の御廟《ごびょう》の手前、無明橋《むみょう》（御廟橋）の上で、ひとりの僧に出会う。その僧（苅萱道心）こそ、父だった。

石童丸の話を聞き、わが子だと知る苅萱道心。しかし修行の身ゆえに、父であるとは名乗らない。あなたのお父上は亡くなったとウソをつき、新しい墓へ案内する。お墓にすがって慟哭《どうこく》する石童丸。

悲しみをこらえ、石童丸が学文路に戻ると、母は長旅の疲れで病み、すでにこの世を去っていた。故郷に戻ると、姉も亡くなっていた。石童丸はふたたび高野山に登り、苅萱道心の弟子になる。しかし最後まで親子の名乗りをすることはなかった。

学文路の苅萱堂は、私の父の実家である。正確に言うと、父の実家の敷地のなかに苅萱堂があった。

苅萱堂には、3人の像のほかに、玉屋の主人の像や、石童丸が突いていたという竹の杖、千里の前が大切にしていたという人魚のミイラなど、たくさんのゆかりの品々が残されている。

小学生の頃には、夏休みになるといつもここに来て、父に説明をしてもらい、こわごわ人魚のミイラを見たものだった。古いお守りや、大正時代に作られた人魚の絵葉書もあって、薄暗いお堂のなかはとても不思議な世界だった。

苅萱堂のうしろの山には、曾祖父母と祖父母の墓がある。

十数年前、奈良女子大学の客員教授をしていた頃に、ゼミの女の子たちと一緒に苅萱堂へ行き、お墓参りもした。

曾祖父母のお墓に触れてみた。曾祖父の名は西山徳左衛門。父の名（徳《いさお》）は曾祖父の名から付けられた。苅萱堂は、もとは仁徳寺といった。徳は仁徳寺の徳なのだろう。

祖父母のお墓にも触れてみた。父は祖父と祖母が大好きだった。その墓を建てた伯父夫婦も、そして父も、もういない。

気が付くと、女の子たちが私をじっと見ていた。みんなやさしい目をしていた。

（２０１７年12月13日）

苅萱堂

人魚のミイラ

良弁杉由来

国立文楽劇場（大阪市）で1月3日から初春《はつはる》文楽公演が始まり、夜の部では「良弁杉由来《ろうべんすぎのゆらい》」が上演されている。

東大寺の創建時のリーダーの良弁は、幼い頃に大きな鷲にさらわれて、東大寺の境内の杉の梢に引っ掛かっていたところを救われる。そして東大寺で養育され、立派な僧へ成長する。

一方、子どもをさらわれた母親は狂乱状態になり、わが子を捜して各地を歩き回るうちに、次第に老いていく。そうして何十年かが過ぎ、母と子は、観音様のお導きによって、東大寺二月堂の前で巡り合う。

現在、二月堂の前に「良弁杉」が立っており、あの杉の梢に幼い良弁が引っ掛かっていたと説明される。

ただし、昭和36年（1961）の台風で先代の良弁杉は倒れ、現在の杉はそのあとに植えられたものである。江戸時代の絵図では、良弁杉は現在地の北方、登廊《のぼりろう》よりもさらに北に描かれている。

奈良時代、聖武天皇と光明皇后との間に生まれた待望の皇子は、病身だった。あらゆる手立てを尽くしても病気はよくならない。

これはもう人間の力では救えない。聖武天皇と光明皇后は、観音様の像をたくさん造り、「観音経」をたくさん書き写して、死にかけているわが子を助けてほしいと、切に願った。しかし、その甲斐もなく、皇子は満1歳の誕生日を迎える前にこの世を去った。

亡くなった皇子の冥福を祈り、奈良の都の東の端の山の中に、お寺が建てられた。このお寺（金鍾寺《こんしゅじ》）が発展して、やがて東大寺になる。

旱魃《かんばつ》飢饉、大地震、天然痘の流行など、災害が相次ぎ、人々は苦しんでいた。
すべての生あるものの幸せを心底願っていた聖武天皇。しかし現実はまったく逆で、聖武天皇は深く苦悩する。そして苦悩の果てに、盧舎那仏《るしゃなぶつ》（大仏）を造ろうとする。

盧舎那仏は「華厳経」に説かれる仏で、聖武天皇は「華厳経」を最高の経典だと考えていた。

盧舎那大仏は、奈良ではなく、紫香楽《しがらき》（信楽）に造られることになった。しかし、反対勢力（奈良へ戻りたい勢力）が、周囲の山に次々に放火。地震が相次いだこともあり、ついに聖武天皇は奈良へ戻ることを決意する。

では、盧舎那大仏を奈良のどこに造ればいいのか。このとき選ばれたのが金鐘寺だった。金鐘寺は「華厳経」を学ぶ拠点になっており、良弁がその中心にいた。

この時代、仏教界のトップには「僧正《そうじょう》」という位（定員1）が与えられた。良弁は天平宝字8年（764／異説あり）に僧正となる。

ところで、幼くして離れ離れになった良弁とお母さんは、なぜ親子だとわかったのか。錦の守り袋に観音様の像を納め、幼い良弁の身につけていたからである。

「そなたがただいま申されし、錦の守りはもしやそも、この品ではあらざるか」

ふたりは手を取り合い、抱き合い、声をあげて泣く。

私が生まれて初めて見た文楽が「良弁杉由来」だった。もう40年以上も前のことである。

今回の公演では、吉田玉男さんが良弁の人形を遣う。年末にお会いする機会があり、動きの少ない良弁を遣う難しさを教えていただいた。

（2018年1月10日）

雪の室生寺

1月10日に室生寺へ行ったら雪だった。

昨年の夏、奈良の観光キャンペーンを兼ねたシンポジウムが、東京の明治大学アカデミーホールで開催された。

第1部は、東儀秀樹さんと三田和代さんのパフォーマンス。第2部は、紺野美沙子さんと私が語り合った。

第3部は、興福寺の多川俊映貫首、奈良県まちづくり推進局理事の中西康博さん、そして私の3人が、それぞれに奈良の魅力を語り、その魅力を体感できる具体的なツアーを提案した。

私が企画立案したのは【第1日】長谷寺→聖林寺→大神神社若宮（泊）【第2日】大野磨崖仏→室生寺→安産寺という内容で、年が明けた1月9・10日に催行《さいこう》された。

これまで室生寺には数えきれないほど訪れているが、雪の室生寺は初めてだった。

雪の室生寺というと、写真家の土門拳《どもんけん》さんを思い出す。

土門さんは、昭和14年（1939）の晩秋に室生寺を訪れたことをきっかけに、古寺巡礼を始め、お寺の建物や仏像を撮り続けていく。

それ以来、室生寺には何十遍も撮影に行くが、雪に出会うことはなかった。

そんなころ、室生寺の住職さんに、室生寺は四季それぞれに美しいが「全山白皚々《はくがいがい》たる雪の室生寺が第一等であると思う」と言われ、どうしても雪の室生寺を撮りたいと思うようになる。

土門さんは、室生寺の門前にある橋本屋を定宿《じょうやど》にしていたが、いつも予約客でいっぱいの橋本屋に、いつ降るかわからない雪を待って泊まり続けることはできない。

そこで、昭和53年（1978）2月19日、弟子の友人が事務長をしている御所《ごせ》市の病院に入院させてもらう。

そうして病室で雪の知らせを待つが、御所市では降っても室生寺では降らない。室生寺は、雨は多いが、雪は意外に少ない。

ついに雪景色を撮ることをあきらめた土門さんは、せめて冬景色を撮ろうと、3月9日に橋本屋へ移る。

ところが、というのだろうか、3月12日の朝、橋本屋の女将《おかみ》が「先生、雪が……」

と部屋に飛び込んできた。ふたりは手を取り合ってうれし泣きしたそうだ。今からちちょうど40年前のことである。

そのとき撮った写真を見ると、思いのほか雪が少ない。しかし、次の文章に、土門さんの高揚した気分がにじみ出ている。

「どんなに淡く薄くあろうとも、そして午前十時ごろにはあとかたもなく消えてしまった雪であろうとも、ぼくは雪を、室生寺の雪を撮ったのだ」

1月10日は寒かったが、雪の室生寺は美しかった。いつもにもまして静謐《せいひつ》で、崇高な気配が感じられた。

前日に行った長谷寺も素晴らしかった。ちょうど仏名会《ぶつみょうえ》がおこなわれており、そのようなタイミングで長谷寺に行ったのは初めてだった。

仏名会は、過去・現在・未来の、それぞれ千体の仏の名を称《とな》え、一年間に犯した罪を懺悔《さんげ》して、罪が消えることを祈る法会《ほうえ》である。仏さまおひとりの名を称えるごとに、立ちあがり、坐《すわ》り、礼拝《らいはい》する。

私たちは、特別に、ご本尊である大きな観音さまの足元まで入れていただいたが、その間ずっと「南無〇〇〇（さまざまな仏さまの名）」の声が聞こえており、立ち去り難い気持ちになった。

（2018年1月24日）

かめの会

2月24日と25日に、ならまち100年会館などを会場にして、第3回「ならまち花あかり」が開催される。

猿沢池の西に位置する元林院《がんりんいん》は、かつては多くの芸妓《げいこ》さんが行きかう華やかな花街《かがい》だった。

花街と色町は違う。花街の主役である芸妓は、文字通り、舞や三味線などの芸事に生きる女性である。

たとえば、京都祇園の芸妓は、舞を中心に、お能、長唄、清元、地唄、小唄、笛、鳴り物、三味線、お茶、お花、絵、書など、選択科目もあるのでそのすべてではないが、芸妓である限り、伝統的な芸事のお稽古を毎日続けていく。

このような日々のなかで、気品ある美しいたたずまいを身につけ、人を楽しませ、粋で、心意気があって、凛として生きる女性。これが芸妓のめざすあるべき姿である。

花街は、かつては日本全国のどこにでもあったが、昭和40年代から衰退し、大半の花街は消滅してしまった。元林院の花街もその存在が忘れられかけていたが、この数年、注目すべき新しい動きが起きている。

元林院の芸妓である菊乃さんが、元林院を復興させようとさまざまな取り組みを始めているからで、この「ならまち花あかり」は、もっとも重要なプロジェクトである。

毎年、このイベントには、全国各地の花街の芸妓さんが奈良に大集合する。

今年は菊乃さんが30花街に声を掛けており、すでに二十数ヶ所からの参加が決まっているそうだ。これだけ多くの花街の芸妓さんがどこかに集まったことは、たぶんこれまでに一度もないだろう。

かめちゃんが登場すると、場が一気に華やぐ(不空院にて)

24日には、奈良ホテルや浮御堂《うきみどう》などで、芸妓・舞妓の撮影会。夕方からは、四季亭と菊水楼で大宴会が開かれる。
25日の午前は、なら100年会館大ホールで、どうしたら花街を後世に残せるかを話し合うサミットがあり、これには私も参加する。
午後は、全国各地から集まった大勢の芸妓さんによる「大和をどり」の披露。元林院からは、菊乃さんと菊亀ちゃんが舞台に立つ。
芸妓になる一歩手前の存在が舞妓である。菊乃さんのもとには、舞妓になりたいという問い合わせが殺到しているそうだ。

しかし、仕込みの時期を経て舞妓になっても、やめていく人があとを絶たない。この世界はそんなに甘くはない。

奈良には夜の楽しみがないと言われる。夜の楽しみを期待して奈良にやって来る人が多いとは思わないが、元林院が元気になれば、この課題はかなり解決に近づくだろう。ただし、花街は、単に飲んで遊ぶ場所ではない。芸事を楽しみ味わう風雅な場所であるべきだと思う。もので栄えることだけを追い求めるなかで、日本人がなくしてしまった古きよき伝統と美徳に再会できる場であってほしい。

そんな思いが高じたので、菊亀ちゃん（かめちゃん／今年の1月に舞妓から芸妓へ）を応援し、微力ながらも元林院そのものを支援しようと、「かめの会」を立ち上げた。

元林院では、夏には舞妓さんがかき氷を販売したり、猿沢池に設けられた池床《いけどこ》で、ライトアップされた興福寺の五重塔をバックに踊ったり、不空院の「かなで法要」で舞を奉納するなど、いろいろと頑張ってはいるが、まだまだこれからといった状況である。まさに亀のように、ゆっくりと、しかし休むことなく、進んでいくしかないのだろう。

（２０１８年2月7日）

寛秀

東大寺二月堂

今年も東大寺二月堂の修二会《しゅにえ》（お水取り）が始まった。

練行衆《れんぎょうしゅう》と呼ばれる僧侶が、二月堂で、十一面観音に悔過《けか》（おわび）をして、みんなの幸せを祈る。

これは、奈良時代以来、一度の中断もなく続けられている「不退《ふたい》の行法《ぎょうぼう》」で、今年は1267回目になる。

しかし、断絶の危機は、これまでに何度もあった。

最大の危機は430回目、治承5年（1181）にやって来た。

前年の12月28日、東大寺は平氏に焼き討ちされた。大仏殿は焼け落ち、大仏も溶けて、小山のような銅の塊になった。

山の上にある二月堂は無事だった。しかし、大仏殿を焼いた火の手は、そのあと山の上にまで至り、二月堂のすぐそばに建つ湯屋と閼伽井屋《あかいや》を焼いた。二月堂も危ないと思われたので、裏側の東の戸を破り、修二会の本尊である小観音《こがんのん》（小さな十一面観音）を運び出した。

数日後、新しい年が来た。本来なら、大仏殿において、大仏の前で、修正会《しゅしょうえ》（正月の法会《ほうえ》）をおこなうはずのところ、大仏殿がなく、大仏がなく、僧侶もいない状況だった。当時の記録には「寺は無きが如し」とみえている。

そのために東大寺は、今年はすべての法会を中止すると発表した。

ところが、この時、異論を唱えた人々がいた。寛秀《かんしゅう》をはじめとする11名である。寛秀はすでに72歳になっていたが、二月堂の修二会だけはやると主張し、東大寺の執行部と対立した。

現在（3月）とは違い、2月1日から始まる修二会まで、時間がない。寺が復興したら再開したらいいではないかという執行部に対し、これは「不退の行法」だと寛秀は反論した。

両者の主張はそのまま平行線をたどり、最終的に東大寺は中止すると決めた。

寛秀は、それなら寺と関わりなくやると決意。2月1日の初日になって加わった4

名と合わせ、15名の合力で、４３０回目の修二会が始まった。
湯屋も焼けてしまっていたので、15名は、氷を割って川の水を浴び、体を清めて二月堂に入った。東大寺の決定に従わなかった寛秀たちのおかげで、二月堂の修二会は決して中断することのない「不退の行法」であり続けている。

さて、3月5日と12日の夜には、過去帳が読み上げられる。聖武天皇から始まり現代に至る、東大寺ゆかりの、そして二月堂ゆかりの、すでに亡くなった人々の長大なリストである。

この過去帳の、鎌倉時代の初めの箇所に、「湯屋閼伽井屋《ノ》作《レル》寛秀大徳練」とある。「練」は練行衆のこと。寛秀が、焼けてしまった湯屋と閼伽井屋を再建したこともわかる。閼伽井屋のなかには、若狭井と呼ばれる井戸がある。この井戸から、若狭国の遠敷《おにゅう》明神《みょうじん》が湧き出させてくれた水を汲む。「お水取り」の愛称はそこから来ている。

この治承5年（１１８１）の経験から、東大寺は二月堂の修二会を明確に「不退の行法」と位置付けた。たとえ他の法会は中止しても、二月堂の修二会だけはおこなう慣習ができた。

寛秀は、一般にはまったく知られていない人物である。しかし、寛秀がいなければ、二月堂の修二会は「不退の行法」ではなくなっていた。一度中断したら、何度でも中断するものだ。そして、やがて断絶する。

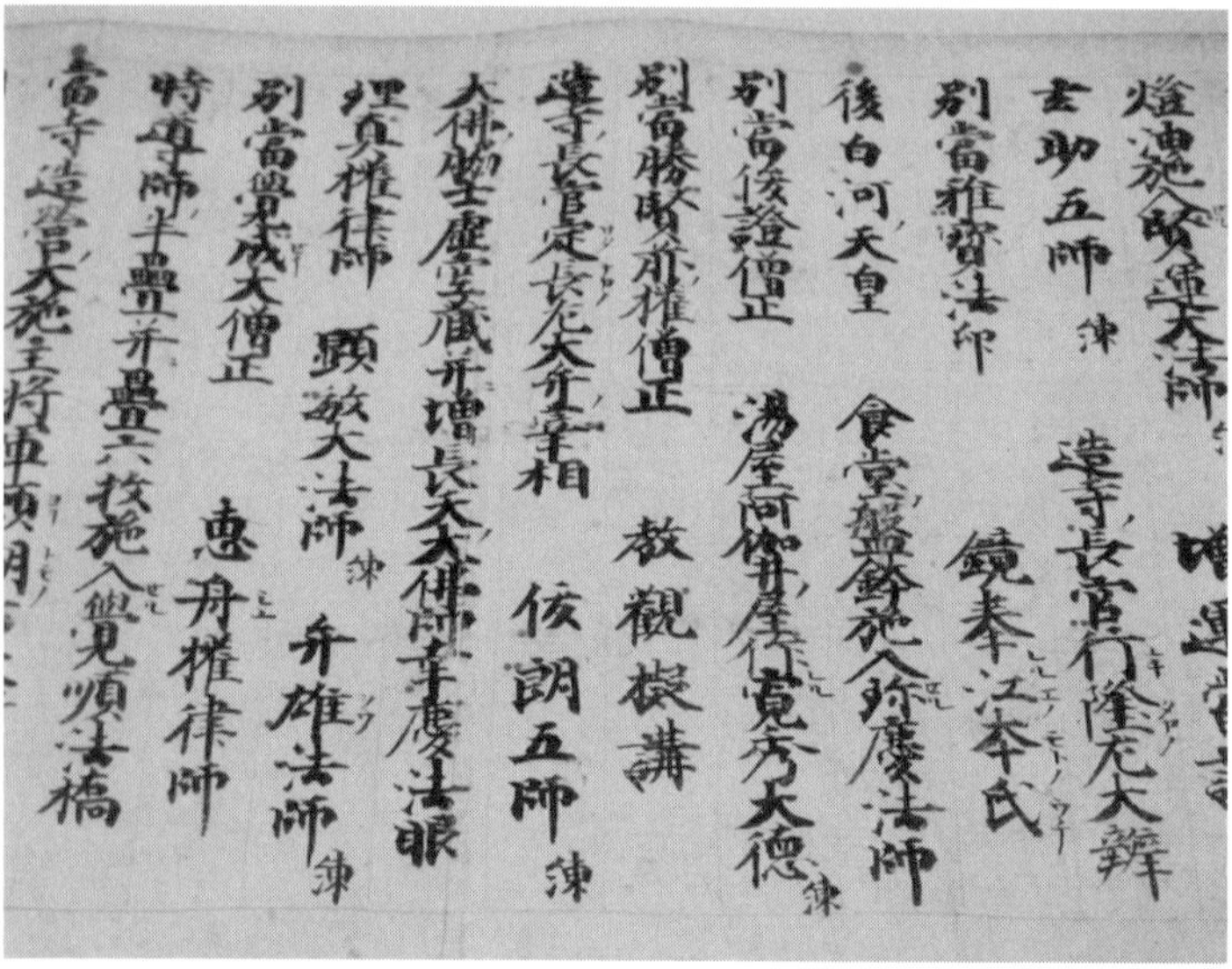

二月堂修中過去帳

二月堂修二会（お水取り）を守った寛秀の功績を、もっと顕彰すべきではないか。

（2018年3月7日）

実賢と公慶

奈良時代に建てられた東大寺の二月堂は、一度だけ焼けてしまったことがある。寛文7年（1667）の修二会《しゅにえ》（お水取り）の最中、2月14日の夜明け近くのことだった。2月13日の行法《ぎょうぼう》をすべて終えた時には、すでに日付が変わっていた。修二会を勤修《ごんしゅ》する15名（現在より多い）の練行衆《れんぎょうしゅう》は、登廊《のぼりろう》を下りて参籠宿所へ戻った。そして温かい茶粥を食べ、夜明けを迎えるころ、二月堂の上に煙が立ち昇っているとの知らせが入った。

堂司《どうつかさ》（現場主任）の実賢《じっけん》は二月堂の内陣の鍵を持って、登廊を駆け上がり、内陣に入った。そこは、すでに火の海だった。

実賢は燃えさかる火の中に飛び込み、厨子を押し破って小観音《こがんのん》（修二会の本尊である小さな十一面観音）を取り出して、抱きかかえ、自分の袈裟で包んで堂外へ走り出た。

このとき、実賢は49歳。堂司を務めるのは、前年に続いて二度目だった。

他の練行衆も次々に昇って来た。しかし、すでに二月堂は火に包まれており、堂内へ入ることはできなかった。

こうして、二月堂は全焼した。焼け跡には大観音《おおがんのん》（二月堂の本尊である大きな十一面観音）が立っていた。背後の光背は、溶けてちぎれ、多数の断片になって灰のなかに沈んでいたが、それでも大観音は立っていた。それを見た人々は、大観音を拝し、さらに恐れたと『二月堂修中練行衆日記』にみえている。

秘仏なので、確認はできないが、大観音の本体も無事ではなかっただろう。頭上の小さなお顔や、両腕など、体幹から遠く、外に突き出している部分は、かなりのダメージを受けていると思われる。

しかし、それでも、大観音は立っていた。痛ましい姿で焼け跡にいた。失火が大観音を傷つけた。人々が恐れたのはわかる気がする。

二月堂は焼失した。しかし修二会はまだ終わっていない。2月14日の日中・日没《にちもつ》・初夜・半夜・後夜《ごや》・晨朝《じんじょう》の行法が残っている。

二月堂の修二会は、2月（現在は3月）1日から7日までは大観音に悔過《けか》（おわび）をし、8日から14日までは小観音に悔過をする。

実賢が救い出した小観音をとなりの法華堂（三月堂）に安置し、14日の行法は法華堂でおこなわれた。

15名の練行衆のなかに公慶がいた。やがて、戦国時代に焼かれた大仏殿と大仏の復興を果たす人物である。

3月14日の「おたいまつ」

公慶が練行衆になり、初めて二月堂に参籠したのは、火災の前年のことだった。その1年後、二月堂が目の前で焼け落ちるのを見た衝撃は、想像するに余りある。

二月堂は徳川幕府が再建した。幕府にとって、将軍家にとって、二月堂は必要なお堂と考えられたからだ。

公慶は、二月堂の焼失と再建の経緯を、その目で見た。幕府の事業になったので、東大寺自身がしなければならないことはほとんどなかったであろうが、大堂の再建はどのような手順で進められるかを公慶は学んだに違いない。

のちに公慶が大仏殿再興を東大寺の衆中にはかった時、真っ先に賛同したのは実賢だった。その時の様子は実賢の霊牌《れいはい》（位牌）に記されている。

実賢は公慶より29歳年上だった。実賢が元禄15年（1702）閏8月16日に84歳で亡くなると、公慶はその旧愛を思い、勧進所《かんじんしょ》（公慶の復興事務所）に霊牌を設けた。

現在、実賢の霊牌は四月堂に奉安されている。


（2018年3月21日）

母

3月26日に母が亡くなった。95歳だった。

母の名は琴柱《ことじ》という。琴柱は、お琴の絃の下に置き、絃をしっかり張るための道具。琴柱がなければ、美しい音が出ない。琴柱は、決して絃の上に出ることはなく、絃の下でいつも美しい音を支えている。そのような女性になってほしいと命名された。

母は東京生まれで、生粋《きっすい》の江戸っ子である。3歳の時に医師であった父親が急逝したために、父親の記憶はない。生まれた時に、父親が「この子は豪傑だなあ」と楽しそうに笑ったことを知り、これを辛い時、苦しい時の心の支えとした。小さい時から、女手ひとつで5人の子を育てる母親の支えとなった母だった。

私は4人兄弟の末っ子。昭和22年（1947）12月、長姉が生まれてまもない頃、近所から火が出て家が全焼した。歴史家の父が、困難な生活のなかで集めた本と資料は、15分で灰になった。

家が焼けた頃、父は東京の中学校で教えていた。先生の家が焼けたと聞いた生徒たちは、先生に届けようと、茶碗とか箸とか、それぞれ何かひとつずつ生活用具を手に持って、電車に乗った。

しかし、火事の翌日から降り始めた大雪で、電車は立ち往生。生徒たちは電車を降り、2時間もかけて雪の山道を歩いて来てくれた。顔も手も真っ赤にしながらやって来た子どもたちの姿を見て、母は泣いた。家が焼け、すべてを失った時にさえ、泣き言ひとつ言わなかった母が、このとき初めて声をあげて泣いた。

2年後、近くの川が決壊。家は濁流にのまれ、屋根を破ってボートで脱出したこともあった。このとき母のお腹のなかには次姉がいて、無理をしたためか、生まれた時、次姉は仮死状態だった。

私が3歳の時に、母は大病をした。大手術をして、幸いに助かったが、再発したら終わりだと言われていた。

母は、母親から授かった小さな観音さまの像を持って嫁《とつ》いできた。毎晩、母はその観音像の前で、般若心経と観音経を読んでいた。いつも母にくっついていた私は、やがて般若心経を覚えてしまった。

父も体が弱く、ふたりともいつ死んでもおかしくない体だった。父と母は、小さな私を見ながら「私たちはこの子に何を残せるのだろうか」と考えた末に、私に仏教童話全集を買ってくれた。こうして私は仏教に出会った。

母は聡明で、気丈で、なんでもできて、小さな子どもが大好きだった。あらゆることに関心をもち、90歳を過ぎてからも、常に電子辞書を傍《かたわ》らに置いて、わからないことはすぐに調べていた。

母のお通夜と葬儀の際に、私は母の小さな観音像を白いハンカチで包んで、胸のポケットに入れていた。

江戸時代に東大寺の二月堂が焼けた時、実賢《じっけん》が自分の袈裟《けさ》で小さな観音像（小観音《こがんのん》）を包み、火の中から救い出したことを思い出した。

葬儀が終わった夜、東京から戻った次男と話をした。

高校時代、野球に青春のすべてをかけていた次男は、筋肉を傷めてプレーができなくなった。すべてが終わったと落ち込む次男に、母は言ったそうだ。「だいじょうぶ。たいしたことはない。いい顔をしている。世の中の役に立つことをやりなさい」

僕が頑張れたのは、おばあちゃんをがっかりさせたくなかったからだと思う、と言って、次男は涙を流していた。

出棺の際、私は小さな観音像を手に持ち、こう言った。「お母さん、また会おうね！」

（2018年4月4日）

庭のわびすけ。母はお花が大好きだった

薬師如来

薬師寺の本尊、金堂の薬師如来像は、最高の仏像だと思う。

薬師寺は、680年に天武天皇が皇后の病気平癒を願って造り始めた。程なくして、幸いに皇后の病は癒えた。

686年に今度は天武天皇が病み、そして亡くなると、皇后（鸕野讃良皇女《うののさららのひめみこ》）が即位（持統天皇）して、薬師寺の造営を続けていく。

698年には薬師寺の構作がほぼ終わり、衆僧を住まわせたことが史書にみえる。本尊の薬師如来像も、遅くともこの時までには完成していたということになるだろう。

天武天皇は、日本の国の形を創り出した人であると言ってもよい。史上初めて都（藤原京）を建設し、本格的な法律を制定し、神仏の力で国を護る仕組みを作った。

ただし、天武天皇は早くに亡くなり、遺志を継いだ持統天皇が、残された事業を、ひとつひとつ完成させていく。薬師寺もそうだった。

702年に持統天皇は亡くなり、天武天皇と同じお墓に葬られた。天皇と皇后が同じお墓に葬られたのは、宣化《せんか》天皇とその皇后と、この2組しか知られていない。

 薬師如来

710年に、藤原京から平城京へ都は遷る。持統天皇が生きておられたら、たぶん平城遷都はなかったと思う。天武天皇が造った都を捨てる。持統天皇がそんなことを許すはずがない。

薬師寺も、藤原京から平城京へ遷った。本尊の薬師如来像も平城京へ移されてきた。旧京に放置するはずがない。

ところが薬師如来像は放置されたと考える研究者は少なくない。そして平城京で、もう一度造ったのだという。

天武・持統天皇の時代にはこんな（素晴らしい）仏像はまだ造れない。そのあとの則《そく》天武后《てんぶこう》の時代の唐の仏像の影響を受けなければ造るのは無理。それが理由である。

しかし、この薬師如来像と同じ（あるいはそっくりな）仏像はどこにもない。唐にもない。本体が巍巍蕩蕩《ぎぎとうとう》（大きくておごそかで広くてゆったり）として、手のひらと足の裏に特別な模様があり、台座に聖なる動物たち（四神《しじん》／青龍・朱雀・白虎・玄武）が表わされているなど、この薬師如来像は他にない姿をしている。

天武天皇と持統天皇の愛の結晶である薬師寺の、そのシンボルである薬師如来像を、天武・持統天皇の後継者たちが、旧京に置き去りにしてくるとは思えない。優先して考えるべきは、仏像の様式よりも人の心であり、類例さえない特殊な仏像の姿は、天武天皇が考え抜いた構想の産物だと私は思う。

今年は、高田好胤さんが写経勧進《かんじん》による薬師寺金堂の復興を始めてから50年になる。好胤さんが亡くなってから20年という年でもある。

11歳でお父さんを亡くして薬師寺に入った好胤さんは、薬師如来をお父さんのように慕った。

物心がつく前に父親を亡くした私の母には、父親の記憶がない。薬師寺にお参りに来て、薬師如来を拝むたびに、母は薬師如来を父親のように感じていた。好胤さんと母は親しかった。共通の悲しみと懐かしさを抱いていたからかもしれない。

4月11日、NHK奈良放送局が制作する「西山教授の仏教よもやま話」の収録で、薬師寺へ行った。

薬師如来のすぐ近くにまで入れていただき、お顔を見上げながら、かわいがってくださった好胤さんのことや、先日亡くなったばかりの母のことを考えていたら、胸がいっぱいになった。

（2018年4月18日）

百済大寺

かつて、ここに、日本で一番大きなお寺があった。

日本に仏教が伝わってからおよそ百年。たくさんの寺が各地に造られたが、天皇が建てた寺はひとつもなかった。

『日本書紀』によれば、舒明《じょめい》天皇は、大和国の百済川の側《ほとり》に九重塔を建て、百済大寺《くだらのおおでら》とした。これが、天皇が建てた最初の寺で、近くには、天皇が住む百済宮も造られた。639年のことである。

舒明天皇は641年に亡くなった。百済大寺はまだ完成しておらず、皇極《こうぎょく》天皇（舒明天皇の皇后）や天智《てんじ》天皇（舒明天皇の皇子）によって、造営が続けられた。

壬申の乱に勝利して即位した天武《てんむ》天皇（舒明天皇の皇子、天智天皇の弟）は、673年に百済大寺を百済の地から高市《たかいち》へ移し、高市大寺《たけちのおおでら》と名を改めた。そして4年後には、さらに大官大寺《だいかんだいじ》と名を改めた。

「大官」は「おおつかさ」と訓じ、一説には天皇のことだという。

初めて天皇が建てる寺は、これまでのどの寺よりも大きくて立派でなければならな

吉備池廃寺跡（百済大寺跡）

いだろう。それまで「大」が付く名の寺はなかった。九重塔もなかった。それだけでも、よほど大きな寺だったことが容易に想像できる。

百済大寺は、今はない。百済大寺はどこにあったのか。それは大きな謎だった。

大和三山のひとつ、香久山から東北の方向へ約1キロ行ったところ（桜井市吉備）に、江戸時代に作られた吉備池《きびいけ》という農業用ため池がある。

平成9年（1997）から始まった吉備池の発掘調査によって、驚くほど大きな寺跡が見つかった。吉備池廃寺と名付けられたその寺こそ、百済大寺だった。

たとえば、塔の基壇の一辺は32メートルあったが、飛鳥寺や川原寺など、飛鳥を代表する寺々でも、塔の基壇の一辺は12メートルに満たない。ここに九重塔がそびえ立っていたのだ。

吉備池廃寺の礎石は抜き取られて、残っていなかった。屋根の瓦は大寺にふさわしく大きなものであったが、出土した数は思いのほか少なく、その多くが割れていた。瓦は消耗品なので、修理のたびに傷んだ瓦を新しい瓦と取り換えていくが、ここには創建時の瓦しかなかった。

つまり、ここにあった巨大寺院は、修理を必要とするほどの歳月を待たずに、すべての建物が解体され、使える瓦や柱や礎石をもって、別の場所へ移動したことがわかる。まさにここは百済大寺としか考えられない。

ところで、大官大寺跡は、以前から知られていた。香久山の南500メートルほどのところ（橿原市南浦町・明日香村小山）である。

大官大寺跡の発掘は昭和48年（1973）から始まったが、意外なことに、天武天皇よりのちの時代の寺跡であることが明らかになった。

金堂は桁行《けたゆき》（東西幅）が45メートルもあり、藤原宮や平城宮の大極殿《だいこくでん》とほぼ同じ大きさだった。その東南には九重塔がそびえ立っていたが、中門や回廊など建設中のものも含めてすべての建物が焼けていたこともわかった。ここは、文武《もんむ》天皇（天武天皇の孫）が新しく造り始めた、もうひとつの大官大寺だった。

では百済大寺だった大官大寺はどこにあるのか。なぜ大官大寺がふたつもあるのか。

吉備池廃寺に立つ。大官大寺跡に立つ。何もない。池と野原と畑だけ。お日様に向かって雲雀《ひばり》が鳴いていた。

（2018年5月2日）

元興寺

今年は、元興寺《がんごうじ》が飛鳥から奈良に移って千三百年という記念の年にあたっている。

元興寺（法興寺・飛鳥寺）は蘇我馬子が創建した日本で初めての本格的寺院である。

587年、馬子が寺の建立《こんりゅう》を発願《ほつがん》した。

588年、百済《くだら》から僧・寺工・瓦博士《かわらはかせ》らがやって来た。その瓦博士が作ったと考えられる飛鳥時代の瓦が、今も元興寺の屋根に乗っている。

590年、木を伐採。このときのものと思われる材が、今も建物の一部に使用されている。

592年、塔の造営が始まった。

593年、塔の心礎に舎利を納めた。

596年、（塔を？）造り終えた。

609年、銅と繍《ぬいもの》の丈六（一丈六尺）の仏

像が完成し、金堂に丈六の銅像を納めた。これが、今も飛鳥に残る飛鳥大仏（造ったのは鞍作鳥《くらつくりのとり》）である。

この像は、とても大きく、金堂の戸より高かったので、堂に納めることができず、やむなく戸を壊そうとしたところ、鞍作鳥が戸を壊すことなく堂に入れたと『日本書紀』にみえている。

以前、薬師寺の大講堂の弥勒《みろく》三尊像（当時は薬師三尊とお呼びしていた）を、奈良国立博物館でお預かりした時、入口の扉よりも大きくて中に入れることができず、壁を壊して入れたことがあった。「鞍作鳥がいたらどうしたかな」と思いながら、作業の様子を眺めていたことを懐かしく思い出す。

662年、唐より帰国した道昭《どうしょう》が、元興寺の東南の隅に禅院を建てた。道昭は唐に渡り、玄奘《げんじょう》（『西遊記』の三蔵法師のモデル）に師事。禅を学び、日本に初めて禅を伝えた人でもある。

帰国する際、道昭は玄奘から鍋をもらう。その鍋で煮たものを食べると病気が治るという不思議な鍋だった。

しかし、道昭はその鍋を持ち帰ることができなかった。帰りの船が動かなくなり、龍王がその鍋をほしがっているからだと言われたので、やむなく鍋を海へ投げ入れたからである。

禅院跡の発掘調査報告書には、出土した土器のうち、煮沸具の大半が鍋形態であることが特徴だと書いてあった。それらは道昭が住んでいた時期の土器なので、道昭がたくさんの鍋で何かを煮ている姿が浮かんでくる。

それは薬ではないか。道昭は玄奘から薬の製法も学んだのだろう。その鍋で煮たものを食べると病気が治るのは、不思議な鍋だからではなく、薬を作っていたからではないか。そして帰国後も、道昭は薬を作り続けたと考えたい。

710年、平城遷都。

718年、元興寺が平城京に移って来た。ちょうど千三百年前のことである。

749年、元興寺が所有してよい墾田《こんでん》の広さが、2千町と定められた。東大寺が4千町、興福寺・薬師寺・大安寺が1千町なので、元興寺が東大寺に次ぐ大寺であったことがうかがえる。

767年、五重塔が完成した。この塔は、江戸時代の終わりに惜しくも焼けてしまったが、今も基壇や礎石が残っている。そこはもうひとつの元興寺の境内である。

770年、百万塔を小塔院に納めた。小塔院も、今では別のお寺になっている。

今年は、ふたつの元興寺（真言律宗、華厳宗）と小塔院（真言律宗）が連携し、一年を通して、元興寺創建千三百年を記念する、さまざまな行事がおこなわれる。

（2018年5月16日）

松尾寺

矢田丘陵のすぐ南、松尾山《まつおさん》の中腹に松尾寺《まつおでら》がある。奈良時代に舎人親王《とねりしんのう》が創建した寺で、日本最古の厄除け霊場として知られている。

舎人親王は、天武天皇の皇子で、皇太子時代の聖武天皇（首皇《おびとのみ》子《こ》）を補佐した。

養老2年（718）、『日本書紀』を編纂中だった舎人親王が、この山に来たところ、観音菩薩が降臨したという。

北惣門から108段の階段を昇っていくと、本堂の脇に至る。本堂には、秘仏本尊の千手千眼観世音菩薩がお祀《まつ》りされており、後《うしろ》戸《ど》の近くに、舎人親王の肖像が安置されていた。

松尾寺の北方、矢田丘陵に位置する東明寺《とうみょうじ》も舎人親王が創建したと伝えられている。そんなふうに、このあたりに舎人親王の伝承が集まっているのが興味深い。

東を向いた本堂の裏手、山頂へと導く石段を昇ったところに、三重塔が建っている。三重塔の右下には神霊石と呼ばれる巨岩がみえる。これは磐座《いわくら》（神が宿る石）で、この上に観音菩薩が降臨したのではないかと思う。磐座と観音との深い関係を伝える聖地は各地に存在するが、松尾寺もそのひとつと言ってよいのだろう。

三重塔からさらに山道を登ると、山頂近くに松尾山神社がある。振り向くと大和平野を一望できる。向かい風に身を任せていると、なんともすがすがしく、本当に厄が払われているような気分になる。

松尾山神社の境内からは、奈良時代の瓦や建物跡が見つかっており、当初はここにお堂があったことがわかる。

中世から近世にかけて、松尾寺は修験道の拠点のひとつになり、行者堂には、日本最大という役行者《えんのぎょうじゃ》像が安置されている。役行者のお母さんもその隣に坐っている。

七福神堂にもぜひお参りしたい。ご本尊の大黒天は私のお気に入り。随分前のことだが、大黒天を拝んで外に出たら、どこかの幼稚園の子どもたちが遠足に来ており、女の子が私にチョコレートをくれた。さっそく大黒天のご加護ご利益《りやく》があったような気がして、とてもうれしかった。

七福神堂は、近年まで大黒堂といわれ、堂内の提灯《ちょうちん》には「福徳開運松尾大黒天」「商賣繁昌松尾聖天」と書かれている。聖天《しょうてん》は拝することができないが、屏風の向こうの厨子のなかにいらっしゃる。

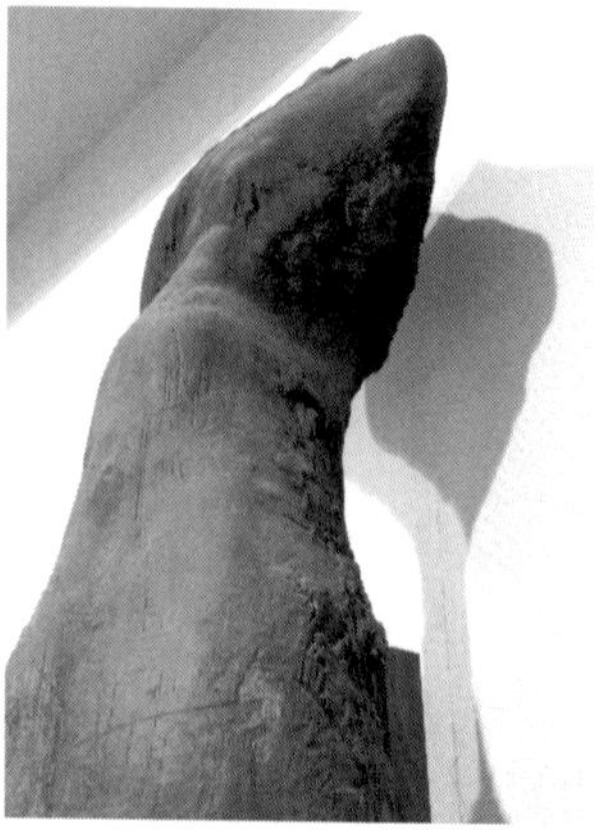

南惣門を出ると、法隆寺へ続く昔の表参道に面して宝蔵殿があり、公開期間は限られるが、特別な仏さまにお会いすることができる。

その仏さまには顔も手も足もない。焼けて真っ黒になっている。昭和28年（1953）に、解体修理中の本堂の天井裏から見つかった。

創建された松尾寺の本堂とご本尊は、やがて山頂近くから中腹へ下りた。そして建治3年（1277）に焼けた。現在の本堂とご本尊は、火災のあとに再興されたもので、この焼損仏が本来のご本尊、千手観音像と考えられる。

白洲正子さんは『十一面観音巡礼』（1975年刊行）のなかで、「頭も、手も失われ、全身真黒焦げに焼けただれているが、すらりと立ったこのトルソーは、いかにも美しい。（中略）ふと私は、曙光の空にほのぼのと立つ観音の幻を見たように思った」と絶賛している。

トルソーとは頭や手足のない胴だけの彫像のこと。私はトルソーとは言いたくない。近づいて拝すると、生々しいまでに力強い肉体がそこにあり、背後の影に仏さまがそっと姿を現わしていた。

（2018年5月30日）

母公堂

山は、人の魂を成長させる場所である。

山には人里にはない澄んだ空気と見たことのない景色があり、越え難いきびしい岩場や吹きつける強い風がある。山に入った人は、それぞれの季節のなかで、大自然にいだかれながら、かけがえのない時を過ごす。

だから人は山にひかれる。全国各地にそのような霊山は多いが、なかでも大峯山《おおみねさん》は特別な山である。

と言っても、大峯山という山はなく、狭義には山上ヶ岳《さんじょうがたけ》（1719メートル）を、広義にはそのあたり一帯をそう呼んでいる。大峯山には、吉野から登るルートと、洞川《どろがわ》から登るルートがある。

役行者《えんのぎょうじゃ》は、大峯山で修行をし、不思議な力を身に付け、修験道《しゅげんどう》の開祖とされる。実在した人だが、伝えられる人物像のほとんどすべては、後世の伝説によっている。

役行者は、文武天皇3年（699）に、人を惑わしていると讒言《ざんげん》されて捕まり、伊豆大島へ流罪となった。呪術が巧みで、鬼神を使役することもできたが、お母さんを人質に取られたので、おとなしく捕えられたのだという。

大宝元年（701）に許されて、生まれ故郷の茅原《ちはら》（奈良県御所市）に戻ったが、その年のうちに、箕面《みのお》の天井ヶ岳で亡くなった。唐へ飛び去ったといわれ、お母さんを鉢に載せて飛び去ったともいう。

奈良には役行者をお祀《まつ》りするお寺が多い。役行者の像は老人の姿で、あごひげを伸ばし、頭巾《ずきん》をかぶり、高下駄をはいて、岩座に坐《すわ》っている。手には錫杖《しゃくじょう》と独鈷杵《とっこしょ》（あるいは巻物）を持っている。

役行者の前には二頭の鬼がいる。前鬼《ぜんき》と後鬼《ごき》である。前鬼と後鬼は夫婦であるともいい、その子孫と言われる人が今もいる。

役行者の脇には、お母さん（白専女《しらとうめ》という）の像が祀られていることも多い。

洞川の、大峯山への登り口の手前に、母公堂《ははこどう》がある。

母公堂の中央にお母さん、向かって左には役行者、右には聖宝《しょうぼう》が祀られている。

聖宝（理源大師《りげんたいし》）は役行者からおよそ200年後の人。東大寺の僧で、醍醐寺を創建し、修験道を復興した。聖宝は、大峯山に入る時に餅飯殿《もちいどの》（奈良市）の若者を連れていったが、俗人が大峯山に登ったのはこれが最初の例という。

母公堂は、もとは女人堂であったと思う。かつて女人禁制だった高野山には、登り口が七つあり、そのいずれにも女人堂があった。そしてその先へ女性は進めなかった。

洞川でも、以前は、母公堂の先へ女性は入れなかった。現在も「従是女人結界」の石碑が立ってはいるが、そこから先への女性の立ち入りを禁じる「女人結界門」は、昭和46年（1971）に2キロ先の現在地へ移された。

人手不足で、山仕事に女性の手が必要になったことや、観光振興のために道路や駐車場が整備され、母公堂の先まで観光バスが入れるようになったことなどによると聞いた。

母公堂の堂守である谷口清一さん（90歳）と

女人禁制については議論があるが、不浄だから入山を禁じられたわけではない。

山は険しく、体力のない女性には危険な場所であり、入山を望む女性もいなかった。ただそれだけのことであったのだが、ずっと後世になっておかしな理屈がつけられてしまった。

ただし、男子が大人になる通過儀礼の意味を持つなど、長い伝統にもとづく安定した秩序ができあがっているので、一方的な浅い議論は慎みたい。

（2018年6月13日）

玄昉

聖武天皇はお母さんを知らない。

藤原宮子は聖武天皇（首皇子《おびとのみこ》）を生んで憂いに沈み、わが子に会うことはなかった。物心がついた少年に、周囲の人々は、お母さんがいないことを、どんなふうに説明したのだろうか。

首皇子の父（文武《もんむ》天皇）は、首皇子が数えの7歳（満6歳／今なら幼稚園の年長さん）の時に亡くなった。

母を知らず、幼くして父を喪った首皇子は、やがて天皇になり、天平9年（737）12月27日、37歳にして初めて母に会う。

この日、藤原宮子は皇后宮《こうごうぐう》へ赴いて玄昉《げんぼう》に会い、覚醒した。聖武天皇も皇后宮に来ており、母と子は初めて対面できた。この時の聖武天皇の心中は察するに余りある。

玄昉は養老元年（717）に唐へ渡った。阿倍仲麻呂や吉備真備《きびのまきび》も一緒だった。

玄昉は玄宗皇帝に高く評価され、紫の袈裟を賜る。

天平6年（734）、玄昉は5千巻余りの経巻と様々な仏像とともに帰国した。吉備真備も同じ船に乗っていた。

そして玄昉と宮子は会う。『続日本紀《しょくにほんぎ》』は、「皇太夫人《こうたいぶにん》藤原氏、皇后宮に就きて、僧正玄昉法師を見る。（中略）法師一《ひと》たび看《み》て、慧然《けいぜん》として開悟《かいご》す」と、ふたりの劇的な出会いの瞬間を活写している。

おそらく宮子は玄昉の評判を耳にしたのだろう。素晴らしい高僧が唐より帰国し、仏教界で最高位の僧正（定員1）に任命された。その方にお会いしたい。そう思った時、宮子の心の病はすでに治っていたのかもしれない。

聖武天皇は玄昉を寵愛した。玄昉が病むと、病気平癒を願って『仏頂尊勝陀羅尼経』一千巻を書写させている。

しかし、やがて、玄昉は九州へ左遷され、大宰府の観世音寺に住む。『続日本紀』は、玄昉には僧らしからぬふるまいがあり、人々から憎まれたと記している。

そして、左遷された翌年、玄昉は死ぬ。政敵であり、先に死んだ、藤原広嗣の怨霊に殺されたとうわさされた。

玄昉は悪僧のように言われることが多いが、玄昉が帰国する時、玄昉を慕う善意という唐僧がついてきた。玄昉が亡くなると、善意は『大般若経』六百巻を書写し、「身を粉《こ》にし、骨を砕くとも、以て恩徳に報いる」と記している。この一例だけでも、玄昉が素晴らしい僧であったことは明らかだと思う。

頭塔

それから長い時が流れて、奇妙なことが語られるようになる。玄昉の体はバラバラになって奈良に降ってきたと。

首が落ちた場所に頭塔《ずとう》、胴が落ちた場所に胴塚、肘《かいな》が落ちた場所に肘塚《かいのづか》、眉目が落ちた場所に眉目塚が築かれたという。

「ずとう」は「どとう（土塔）」が訛《なま》ったもので、堺市には行基が築いた土塔が現存する。玄昉の首が葬られているわけではない。

最近、元興寺文化財研究所の狭川真一さんが、魅力的な新説を出した。

玄昉伝説の場所をつないでいくと、その中心に興福寺がある。いつの頃からか、玄昉は興福寺の四方を守護する存在として大切にされるようになったのではないか。

この説が正しければ、悪く言われがちの玄昉の復権が可能になる。

6月18日の玄昉の命日に、玄昉の復権をめざし、玄昉ゆかりの地を巡る奈良交通のツアーが企画された。

しかし、その日の朝の大地震で、ツアーは中止になった。玄昉を都から追い払った勢力が、今なお玄昉の復権を妨げようとしているのだろうか。


（2018年6月27日）

公慶と公盛

宝永2年（1705）7月12日、東大寺の公慶《こうけい》が急死した。58歳だった。
公慶が初めて大仏を拝したのは13歳の時で、その日は雨が降っていた。傘をさした公慶が大仏の前に立つと、大仏はずぶ濡れだった。その頃は、大仏殿がなかったからである。

いつか必ず大仏さまの傘＝大仏殿を作ろう。少年は心のなかでかたく誓った。

それから45年が過ぎ、大仏殿の完成が近づいていた。

大仏殿が焼かれたのは、永禄10年（1567）10月10日夜のことだった。松永久秀が大仏殿に陣を構えた敵に夜襲をかけ、火をつけたからである。

東大寺の人々は、戦いの真っただ中で必死の消火活動を続けたが、大仏殿は猛火のなかに崩れ落ち、大仏は溶けて湯のように流れた。

やがて大仏の胴体部は修復され、木で造って銅板を張った仮の頭部も乗せられたが、大仏殿の再建はならず、そのような状態で大仏は長い時を過ごしていく。

貞享元年（1684）5月、37歳になった公慶は、ついに大仏の修復と大仏殿の再建に立ち上がる。そして徹底的な勧進活動によって資金を集め、大仏の頭部の修復を果たした。これが現在の大仏の頭部である。

続いて大仏殿の再建に向かうが、これはほとんど実現不可能な大事業だった。奈良出身の僧隆光《りゅうこう》の力添えで、将軍徳川綱吉とその母桂昌院《けいしょういん》に会うことができた。と言っても、幕府が建設資金を出すことはなく、公慶は江戸での勧進を終えると、東北から九州まで、全国各地を勧進して回った。

こうした公慶の活動が評価され、大仏殿の再建は最終的に幕府の公共事業となるが、元通りの大きさでの再建はあきらめて、左右を切り詰めた形で建設が進む。

大仏殿の大屋根を支える大虹梁《だいこうりょう》のための巨木2本を九州から運び込むこともできた。あとは屋根を架け、瓦を乗せればいい。まだあと数年はかかるだろうが、困難なハードルはすべて超えた。大仏の修復を始めてから21年が過ぎていた。

宝永2年（1705）6月、公慶は弟子の公盛《こうじょう》を連れて江戸へ向かった。幕府への御礼のためである。18回目の江戸行きだった。

公慶が江戸について間もない6月22日、桂昌院が亡くなった。桂昌院の支援がなければ、大仏殿の再建はできなかったであろう。公慶の悲しみは深かったに違いない。

そして公慶も病んだ。医師の手当ても祈禱もむなしく、病は重くなるばかりだった。

7月12日、死期を悟った公慶は、公盛に遺言した。思い残すことはない。あとはお

公慶と公盛の墓

前がやってくれ。ただ、奈良に葬ってほしい。そうして、大仏殿の完成を見ることなく、58年の生涯を閉じた。『大仏殿再建記』には「辛労相《あい》積《つもる》の故か」とあり、過労死であったに違いない。

江戸にひとり残された公盛は、このとき17歳だった。満年齢なら16歳。今なら高校1年生である。

当時、江戸で死んだ人は江戸に葬る決まりがあった。幕府の重臣の前で、公盛は伏し拝みながら訴え、涙を流した。隆光の口添えがあり、公慶の偉大な功績も考慮して、公慶の遺骸は、特例として、奈良に戻すことが許された。

8月11日、東大寺の北にある五劫院に公慶は葬られた。大仏殿を完成させたあと、36歳で亡くなった公盛の墓もすぐ隣にある。

（2018年7月11日）

観音菩薩

聖武天皇と光明皇后の間に生まれた待望の皇子は病気だった。ふたりは観音菩薩の像をたくさん造り、『観音経』をたくさん書き写して、死にかけているわが子を助けてと祈ったが、その子は満1歳を迎えることなくこの世を去った。

観音菩薩はインドの言葉で「アヴァローキテーシュバラ」という。中国ではこれを「観世音菩薩」あるいは「観自在菩薩」と訳した。世間の音を観る。自在に観る。『法華経』の観世音菩薩普門品《ふもんぼん》（これが『観音経』）には、「観音の名号を称《とな》えれば、観音は即時にその音声《おんじょう》を観じ」、その人を救ってくれると説かれている。

観音菩薩の名を口にすれば、観音菩薩はその瞬間にその声を聞き取ってくれる。元気いっぱい幸せいっぱいの人が観音さまの名を称えたりはしないだろう。苦しくて悲しくて寂しくて、ひとりでいることに耐えられなくなった人が、思わず観音さまに助けを求めた時、それが世界のどこのかたすみであろうと、どんな小さな声であろうと、観音さまは、その瞬間に、その声を聞き取って、助けに来てくれるという。

十一面観音像

では、聖武天皇の子どもはどうして死んだのだろう……。

菩薩はインドの言葉で「ボーディサットヴァ」という。中国では発音をそのまま漢字にあてて「菩提薩埵《ぼだいさった》」と訳した。これを縮めると「菩薩」になる。

菩薩には、複数の意味がある。まずひとつは悟りを求めて修行中の者のことをいう。しかし観音菩薩は悟りを求めて修行などしてはいない。

悟りを得て、すでに仏（ブッダ、如来）になりうるのにそれをせず、この世界で人々の救済のために活動する者のことも、菩薩という。観音菩薩はこちらの例になる。

苦しんでいる人がいるのに、悲しんでいる人がいるのに、その人たちを残してこの世界を離れ、自分だけ幸せの世界には行きたくない。観音さまはそんなふうに考えておられるらしい。

十一面観音と呼ばれる観音さまがいらっしゃる。頭の上に小さなお顔がたくさん乗っている。やさしい顔、怒っている顔、牙をむき出した顔、大笑いしている顔。いろんな表情のお顔があるが、それは実はどうでもよくて、お顔が全方向を向いているという点が重要である。

お顔が全方向を向いているから、世界のどこで誰がどんな小さな声でつぶやいても、その声をすぐに聞き取ることができる。

では、お顔がひとつの観音さまにはそれができないのかというと、そうではない。お顔がひとつの観音さまも全方向を向いておられる。観世音菩薩普門品の「普門」は、全方向に開かれた門のこと。全方向を向いておられるのが観音さまの特徴である。十一面観音のお姿は、誰にでもそれがはっきりわかるように、たくさんお顔を付けてくださっているのである。

観音さまは誓いを立てたそうだ。『弘猛海慧経《ぐみょうかいえきょう》』という経典に紹介されている。「衆生《しゅじょう》苦ありて、三度《みたび》わが名を称《しょう》せんに、往《ゆ》きて救はざれば、正覚《しょうがく》を取らじ」

衆生とは私たちのこと。苦しみのなかで、観音さまの名を三度称えれば、観音さまは（マグマ大使のように）必ず来てくれる。

『弘猛海慧経』は中国で作られた偽経《ぎきょう》であるのだが、この誓いの言葉は、平安時代から鎌倉時代にかけて、多くの人々の心をつかんだ。その気持ちはよくわかる。

（２０１８年７月25日）

淳仁天皇

孝謙女帝が天皇を退位したのは、母（光明皇太后）の看病のためだった。

しかし、程なくして、光明皇太后はこの世を去った。4年前には聖武太上天皇が亡くなっており、偉大な両親を喪った孝謙上皇は心身を病む。そして療養先の保良宮《ほらのみや》（大津市）で道鏡《どうきょう》と出会う。

孝謙天皇に代わって大炊王《おおいおう》が即位した。現在では淳仁《じゅんにん》天皇と呼んでいるが、これは明治になってから追贈された名前である。当時の史料からは天皇としての名前（諡号《しごう》）を見出せない。

大炊王が即位したのは、藤原仲麻呂の強い推挙があったためだった。大炊王は、仲麻呂の長男真従《まより》（故人）の元妻と結婚し、仲麻呂の邸宅に住んでいた。

やがて孝謙上皇＋道鏡と仲麻呂＋淳仁天皇との関係は悪化する。孝謙上皇は「帝は小事をおこなえ。国家の大事は私がおこなう」と宣言した。

天平宝字8年（764）9月、ついに戦いとなった。孝謙上皇側の巧みな戦略は、兵法に詳しい吉備真備《きびのまきび》が練《ね》ったもので、敗れた仲麻呂は近江へ逃れたが、琵琶湖で斬り

殺された。

仲麻呂は淳仁天皇を伴わずに逃走した。そして、同行していた氷上塩焼《ひがみのしおやき》（塩焼王／天武天皇の孫）を新しい天皇とした。淳仁天皇の存在感は、悲しいまでに無きに等しい。

戦いが終わると、孝謙上皇は数百の兵を派遣し、淳仁天皇がいる中宮院を包囲した。そして、淡路へ護送し、幽閉した。天皇をやめさせられた淳仁天皇は、「大炊親王」「淡路公《あわじのきみ》」「廃帝」と呼ばれた。

1年後、大炊親王は逃亡を図るが、捕まり亡くなった。たぶん殺害されたのだろう。孝謙上皇（＝称徳天皇）の意向で、天皇とは認められず、それゆえに諡号はもらえなかった。

先日、灼熱の太陽のもと、私たちは淡路島へ行き、淳仁天皇の御陵にお参りした。一周してみると、思いのほかに大きくて立派な御陵だった。玉ねぎを乾燥させるための小屋が御陵の周囲にあり、いかにも淡路島らしかった。近くには、淡路島に一緒にやって来たお母さん（當《たい》麻山背《まのやましろ》）のお墓もあった。

称徳天皇が亡くなり、光仁天皇の時代になると、待遇が変化した。淳仁天皇のお墓は「山陵《みささぎ》」、當麻山背のお墓は「御墓《みはか》」と呼ばれるようになり、墓守も置かれた。

御陵の周辺には、「大炊神社」「野辺の宮」「丘の松」など、淳仁天皇ゆかりの場所が多い。このうち「丘の松」は最初に埋葬された場所と言われている。「丘の松」のすぐ向かいに住む河野さん（宮内庁職員）は、淳仁天皇に従って奈良から淡路にやって来た人の子孫だそうだ。私たちがお参りに来たことをとても喜んでいた。

ところで、琵琶湖の北に、菅浦（長浜市）という湖岸集落がある。中世の菅浦には、自治組織「惣《そう》」があり、その具体相を示す多数の古文書が伝えられている。菅浦文書は、早ければこの夏にも国宝に指定される予定だ。

その菅浦に淳仁天皇を祀る須賀神社がある。坂を上り、石段を上った先に待っているのは、なんと淳仁天皇の御陵で、菅浦の人々は裸足になって石段を上っていく。

菅浦では、淳仁天皇が遷されたのは「淡路」ではなく、「淡海《おうみ》」（近江）だという。

淳仁天皇をお祀りしていることを、菅浦の人々はとても誇りに思っている。

淳仁天皇を大切に思う人たちが各地にいることがわかって、なんだかホッとした。

（２０１８年８月８日）

沼島

「この漂《ただよ》へる国を、修理《おさ》め固め成せ」と命じられたイザナギ（男神）とイザナミ（女神）は、天《あめ》の浮橋《うきはし》に立ち、天の沼矛《ぬぼこ》を下ろして、海を「こをろこをろ」にかき混ぜた。

そして矛を引き上げると、矛の先から滴り落ちた海水が固まって島になった。おのごろ（おのころ）島である。天から降ろされた矛が海をかき混ぜる。鳴門のうず潮から生まれた幻想であろうか。天の浮橋は虹のようだ。

イザナギとイザナミは、天から、おのごろ島へ降りる。そして天の御柱《みはしら》（神々が依《よ》り憑《つ》く聖なる柱）を立て、八尋殿《やひろどの》（広大な建物）を建てた。

イザナミは「私の体には、でききっていないところがある（成り成りて成り合はざる処、一処《ひとところ》あり）」と言った。

イザナギは「私の体には、できすぎているところがある（成り成りて成り余れる処、一処あり）」と言った。

「成り余れる処（男根）で、成り合はざる処（女陰）を、刺し塞ぎ（性交）、国土《くに》を生もう」とイザナギは提案し、イザナミも「それがよいでしょう」と賛同した。

なりなりてなりなりあわざるところひとところあり。なりなりてなりあまれるところひとところあり。

声に出して『古事記』を読んでみると、文字ではなく、口で伝えられてきた文章であることがよくわかる。ふたりは交わり、次々に子ども（島）を生んだ。

まず、淡路島。次に、四国。次に、隠岐。次に、九州。次に、壱岐。次に、対馬。次に、佐渡。そして、最後、8番目に本州を生んだ。日本はこの八つの島でできているので、大八嶋国《おおやしまくに》ともいう。

国土を生んだあとも、イザナミは次々に子ども（神々）を生んだ。石の神、風の神、木の神、山の神、野の神……そして、火の神を生んだイザナミは、女陰を焼かれて、死ぬ。

淡路島の南に浮かぶ沼島《ぬしま》が、おのごろ島であるという。

7月の末、灼熱の太陽のもと、私たちは沼島へ渡った。淡路島の南端の土生《はぶ》から船に乗って10分で着く。

沼島の港には小さな漁船がたくさん停泊していた。とても静かだけれど、特別な場所だけがもつ、不思議な気配が感じられた。

まず、イザナギとイザナミを祀るおのころ神社へと、汗まみれになって山を登った。本当はこの山自体（島自体）が神であるという。

上立神岩

それから、島を横断して、沼島のシンボル的存在である上立神岩《かみたてがみいわ》へ向かう。途中、沼島小学校・中学校があった。小学校も中学校も生徒の数は平均して各学年2名くらいだそうで、子どもたちは（おとなの人たちも）どんな毎日を送っているのか、思いを巡らせてみた。

上立神岩は高さが30メートルもある奇岩で、これが天の御柱だともいう。太平洋の黒潮をまともに受ける場所なので、浸食が進んでおり、以前はもっと大きくて太い岩だったと、神宮寺の住職さんが教えてくれた。

昼は、港の近くにある「水軍」というお店で海鮮料理を食べた。高齢化と過疎化に悩む沼島で、13年ぶりに開業した新しいお店。壁には「同級生一同」から贈られたのれんが飾ってあり、島のみんなの仲のよさが感じられた。

漁師さんが島の周囲10キロを漁船で案内してくれる「おのころクルーズ」にも大いに心ひかれ、次回はぜひそれに参加してみたいと思った。

（2018年8月29日）

東院堂の聖観音

薬師寺東院堂の聖《しょう》観音は、金堂の薬師三尊像とともに、比類なく美しい仏像である。薬師寺は、天武《てんむ》天皇が建て始めたが、完成する前に天皇は亡くなった。天武天皇と皇后の間には草壁皇子《くさかべのみこ》がいたが、即位する直前、28歳で亡くなった。草壁皇子と妃の阿閇皇女《あへのひめみこ》の間には皇子（軽《かるの》皇子）がいたが、まだ幼く、祖母にあたる天武天皇の皇后が即位した。持統天皇である。

持統天皇は、天武天皇がやり残した事業を引き継いだ。698年には薬師寺がほぼ完成し、衆僧を住まわせた。本尊の薬師三尊もこの時までに完成していただろう。しかし、孫の成長を待って持統天皇は譲位し、軽皇子が即位した。文武《もんむ》天皇である。文武天皇は25歳で亡くなってしまう。

文武天皇の皇子が、首皇子《おびと》（のちの聖武天皇）である。文武天皇が亡くなった時、皇子はまだ7歳だったので、文武天皇の母であり、草壁皇子の妃だった、阿閇皇女が即位した。元明《げんめい》天皇である。

元明天皇が即位した3年後に都は奈良へ遷る。ただし、元明天皇自身は藤原京からの遷都に積極的ではなかったようで、草壁皇子が眠る地を離れたくないという思いがあったのかもしれない。

遷都に伴って、薬師寺も奈良に遷ってきた。天武天皇・持統天皇にとって、もっとも大切な存在だった薬師寺は、平城京においても重要な寺であり続ける。

養老5年（721）12月、元明天皇は亡くなった。草壁皇子と元明天皇との間には3人の子どもがいた。氷高《ひだか》内親王（元正天皇）、軽皇子（文武天皇）、吉備内親王である。

薬師寺の東院堂は、吉備内親王が、母の冥福を祈り、一周忌にあたる養老6年（722）に建てたと考えられる。

東院堂は長屋王が建てたとの伝えもあるが、吉備内親王は長屋王の妃なので、同じことを意味する。この時、吉備内親王は37歳（推定）、長屋王は47歳だった。

文武天皇が亡くなった時、長屋王は『大般若経』六百巻を書き写させた。奥書から、亡き兄の冥福を祈り、吉備内親王がそれを願ったことがわかる。完成した『大般若経』は、薬師寺に収められた。

天武天皇と持統天皇、草壁皇子と元明天皇、長屋王と吉備内親王。この3組のカップルにとって、もっとも大切な寺は薬師寺だった。

ところで、東院堂の本尊は、初めからあの聖観音だったのだろうか。

聖観音の制作時期については諸説がある。私は、金堂の薬師三尊とほぼ同じ時期に、

藤原京で造られたと考えている。

689年に草壁皇子が亡くなった時、妃の阿閇皇女（29歳／のちの元明天皇）が、ひとつ年下である28歳の草壁皇子の姿を投影させ、聖観音を造らせたのではないか。

やがて、元明天皇が亡くなり、冥福を祈ってお堂が建てられる時、この聖観音を本尊に選んだのだと思う。それが元明天皇のもっとも喜ぶことであっただろうから。

聖観音は、若々しい青年のよう。しかし、よく見ると、表情に微かな翳《かげ》りがある。

薬師三尊が天武天皇と持統天皇の愛の結晶であるように、聖観音は草壁皇子と元明天皇の愛の結晶だった。そして、東院堂は吉備内親王と長屋王の愛の結晶であったのだが、東院堂が完成した7年後、長屋王と吉備内親王は、自害して、一緒にこの世を去った。

（2018年9月12日）

法興寺と元興寺

9月20日、元興寺《がんごうじ》で、創建千三百年を記念する慶讃法要がおこなわれた。養老2年（718）、飛鳥の法興寺（飛鳥寺）を平城京に遷し、寺名を元興寺とした。それから千三百年という長い時が流れた。

ところで、寺を遷すとは、何を遷すのだろうか？

飛鳥のお寺のトップ2は、法興寺と川原寺だった。法興寺は蘇我馬子が建てた。川原寺は天智天皇が建てた。

やがて、飛鳥の北方に、藤原京が造営された。藤原京のお寺のトップ2は、薬師寺と大官大寺だった。薬師寺は天武天皇が建て始め、持統天皇が完成させた。大官大寺は、舒明《じょめい》天皇が別の場所に建てたものを、天武天皇が藤原宮に近い場所へ遷した。この時は、礎石も柱も瓦もすべて遷したので、もとの場所には土を盛った基壇のほかには何も残っていない。

法興寺、川原寺、薬師寺、大官大寺。このトップ4のお寺は、その後どうなるのか。和銅3年（710）、都が平城京に遷ってきた。重要なお寺も平城京に遷されることになった。

薬師寺は、金堂の本尊である薬師三尊と、講堂の本尊である巨大な繍仏が奈良に遷ってきた。

藤原京にも薬師寺は残ったが、やがて廃寺となった。しかし、今も礎石が残り、藤原京と平城京の薬師寺は、伽藍配置も大きさも、ほぼ同じだったことがわかる。

大官大寺は、話が複雑だ。大官大寺がふたつあったからである。天武天皇の孫、文武天皇の時代に、もうひとつの大官大寺が建てられ始めた。しかし、建設中に焼失した。

新しい大官大寺が完成したら、古い大官大寺を吸収する予定だったのだろうか。それはわからないが、古いほうの大官大寺が平城京に遷り、大安寺となった。

奈良時代の大安寺には、古い大官大寺の本尊釈迦如来をはじめ、奈良時代以前のものが多く伝えられていた。

古い大官大寺があった場所はわからない。吸収される予定だったので、平城京への移建に際しても、まるごと遷してしまったからだろうか。

川原寺は、なぜか平城京に遷ることを許されず、やがて飛鳥の地で滅んだ。

川原寺に代わって、藤原氏の氏寺の興福寺がトップ4の仲間入りを果たした。

これは、唐の都の長安にあった川原寺がのちに興福寺と改名したことと、何が関連がありそうだ。

さて、元興寺である。飛鳥の法興寺は、塔を三つの金堂が囲む伽藍配置だった。中金堂の本尊は金銅の釈迦如来。西金堂の本尊は大きな釈迦如来の繡仏、東金堂の本尊は弥勒の石仏だった。これらはすべて飛鳥に残された。中金堂の本尊の釈迦如来が、いま飛鳥大仏と呼ばれているあの仏さまである。

3つの金堂の建物も本尊も飛鳥に残り、塔も残った。

平城京の元興寺の伽藍配置は、飛鳥の法興寺とはまったく異なっていた。金堂はひとつ、塔はその東南にあった。

金堂の本尊は弥勒仏で、左右には無著《むじゃく》と世親《せしん》というインドの僧が立っていた。興福寺の北円堂と同じである。

法相宗の教えは、弥勒→無著→世親へと受け継がれた。だから元興寺は、法相宗のお寺として造営されたと言ってよいだろう。ほとんど別のお寺と言いたくなるほど、飛鳥の法興寺と奈良の元興寺は異なっている。

では、法興寺の何が奈良に遷ったのか。少なくとも、僧房の一部が（だから僧侶も）遷ってきたことは明らかだ。元興寺の建物（もとは僧房）に、飛鳥時代に作られた瓦や飛鳥時代に伐採された木が使われているからである。

それぞれのお寺について、何を遷すか遷さないか、ひとつひとつ決めていった人が、きっといたに違いない。それは藤原不比等《ふひと》ではないかと思っている。

（2018年9月26日）

元興寺の当初の本尊である弥勒如来像（慶讃法要のために制作）

谷川名人の駒

藤井聡太七段の登場によって、空前の将棋ブームが起きている。奈良市出身の斎藤慎太郎七段も、タイトル獲得まであと1勝に迫っており、こちらも目が離せない。

ふと、12年前の幸せな体験を思い出した。

平成18年（2006）に、奈良国立博物館で、「やまとの匠《たくみ》　近世から現代まで」という、奈良国立博物館としては珍しい内容の展覧会が開催された。

この展覧会は、江戸時代の後半から現代までの二百年間に、奈良の匠たちが生み出したさまざまな工芸品を集めたもので、人形や動物の作品が多かったためか、子ども連れの方々にも楽しんでいただき、展示室はとても明るい雰囲気だった。

その展示室に、ある日、将棋の谷川浩司九段（十七世名人）の姿があった。谷川さん自身が文字を書いた、谷川さん所有の将棋の駒が展示されていたからである。

平成8年（1996）2月14日、谷川さんは羽生善治さんに敗れた。将棋界には7つ（現在は8つ）のタイトルがあるが、このとき史上初の7冠が誕生し、谷川さんは無冠に転落した。

その瞬間を撮影した写真がある。周囲にはおびただしい数の報道陣。全員が羽生さんの勝利、つまり谷川さんの敗戦を願っていたはずである。7冠誕生の取材に来ているのだから、当然であろう。そして、その人たちの前で、谷川さんは一方的に敗れ去った。

4か月後、谷川さんは、熊澤良尊さんに、自分の書による駒の製作を依頼した。

通常、駒の製作は、祝事や慶事の際に、その記念におこなうものだ。谷川さんはこんなふうに語っている。

私が欲しかったのは、記念の駒ではなかった。一番苦しい時の自分の字を、駒に残したかった。それを手元に置いて、その駒で自分の将棋を取り戻す。この不調を自分で乗り越えるには、苦しい時の自分から逃げてはいけないと思ったからだ。

半年後、谷川さんは羽生さんから竜王を奪回し、さらに名人を奪い返す。展示されていたのは、その駒だった。

谷川さんの駒をどのように展示するか、私には考えがあった。その駒で、谷川さんが羽生さんから竜王を奪回した局面を並べるのだ。

平成8年（1996）11月29日18時59分。谷川さんの☗8七金を見て羽生竜王は投了した。私はその復活の瞬間を再現した。つややかな駒は、ケースのなかで、まるで美しい生き物のようだった。

棋士によって、駒の置き方が違う。持ち駒の並べ方も違う。私は谷川さんのやり方、羽生さんのやり方を調べ、そのように置いてみた。

谷川さんをケースの前にご案内した私は、なんの説明もしなかった。谷川さんは「なんだか不思議な気持ちがします」と言った。「普段、研究に使っている駒が、ケースの中に展示されていると……」

それから熊澤さんと3人で「馬の目」に食べに行った。話がはずんで、とても楽しい時間だった。

数日後、谷川さんの感想をネットで見た。

将棋の駒が国立博物館で展示されるのは初めてのようで、光栄な事である。この駒を作って頂いたのは10年前。タイトルを失って苦しんでいた時である。もう一度初心に返って、の思いを強くした。

展覧会の図録に「心想事成《しんそうじせい》（心に想う事は成る）」と書いて差し上げたところ、その言葉で扇子を作ってもよろしいでしょうかという丁重なお手紙をいただき、できあがった扇子も送ってくださった。

今後の谷川さんのさらなるご活躍、将棋界の益々の隆盛を切に願う。

（2018年10月10日）

谷川浩司九段

興福寺中金堂

興福寺の中金堂《ちゅうこんどう》が完成し、落慶法要が営まれた。

私は初日の10月7日に参列させていただいた。台風の接近が心配されもしたが、法要が進行するうちに青空が広がった。西のほうから流れてきた白い雲が、鴟尾《しび》の上方で止まり、そのまま消えていく様子を、私は飽かずに見つめていた。

やがて雲ひとつなくなった秋空を背景に、色とりどりの散華《さんげ》が舞うのを眺めながら、多川俊映貫首を始めとする関係者の方々のご労苦に思いをはせた。

興福寺は、藤原鎌足の妻、鏡王女《かがみのおおきみ》（鏡女王）が、現在の京都市山科区に創建した。当時は山階寺《やましなでら》と呼ばれた。やがて、山階寺は藤原京（奈良県橿原市）へ遷され、さらに平城京に遷されて、興福寺と名を改めた。

中金堂は、興福寺の伽藍のなかでもっとも重要なお堂だが、7度も焼けている。よく知られているのは治承4年（1180）の平氏による焼き討ちだろう。反平氏の立場だった興福寺は、平清盛が派遣した息子の重衡《しげひら》によってすべてを焼き尽くされた。この焼き討ちは、中金堂の4度目の焼失にあたる。このほか、近くの民家からの飛

興福寺中金堂落慶法要

び火、お堂の燈明の火が燃え移った、近くの僧房（僧侶の住居）に雷が落ちた、講堂に侵入した盗賊があかりに用いた火が燃え移ったなど、火災の原因はさまざまだった。

驚かされるのは嘉暦2年（1327）の事例で、興福寺の僧同士が争って、中金堂に火を放ったのだという。

最後の火災は、江戸時代、享保2年（1717）のことで、講堂、中金堂、西金堂、南円堂、中門、南大門などが焼けてしまった。

この折には南円堂以外は再建できず、そのまま長い時が流れた。

中金堂は、火災から100年以上が過ぎた文政2年（1819）に、奈良町の人々の寄進によって、ようやく建てられた。

興福寺は、創建当初の姿をとても大切にしているので、いつも元通りに再建する。この時のお堂は、規模が小さかったので仮堂と呼ばれているが、地元の人たちの寄進で建ったのは、興福寺が地元に根付いていた証しでもあって、詳しい経緯は知らないが、いい話だと思っている。

このお堂は、老朽化が進んだため、平成12年（2000）に解体された。そして10年後の平成22年（2010）に新しいお堂の立柱式がおこなわれた。そうして今年、ついに、当初の規模（東西36・6メートル、南北23・0メートル）の、素晴らしい中金堂が完成した。

境内整備のための発掘調査は平成10年（1998）に始まり、程なくして、中門跡から穴がふたつあいた奇妙な礎石が見つかった。

まだ小さかったわが家の3人の子どもたちは、興福寺に来るたびに、「ブタの鼻や〜」と言いながら、その礎石の上を何度も飛び越えていた。

奈良時代に中金堂が初めて建った時、本尊は藤原鎌足が造った釈迦如来像だった。藤原氏の氏寺を平城京に遷したのは鎌足の次男の不比等《ふひと》（光明皇后の父）で、不比等は弥勒菩薩（弥勒仏）に対して篤い信仰をもっていたようだ。

不比等が亡くなると、妻の三千代は、不比等の冥福を祈って弥勒浄土像を造り、中

興福寺中門跡の礎石

金堂に安置した。

亡き不比等のために、興福寺には北円堂が建てられた。北円堂の本尊は弥勒仏で、左右にはそれぞれ羅漢像が立っていた。それは、現在と同じように、インド僧の無著《むじゃく》と世親《せしん》であっただろう。

これは法相宗《ほっそうしゅう》の教えが受け継がれていく系譜（弥勒→無著→世親）に基づく尊像構成であり、不比等の信仰と構想によって、興福寺は法相宗を主体とする寺になっていったと考えられる。

（2018年10月24日）

第70回正倉院展

奈良国立博物館で、第70回正倉院展が開催されている。

私が奈良国立博物館に入ったのは昭和58年（1983）のことで、その秋には第35回正倉院展を担当した。それ以来、平成25年（2013）の第65回まで、31回の正倉院展に直接関われたのは幸せだった。

博物館に入った最初の年の正倉院展で展示した磁鉢《じはち》に、今年35年ぶりに再会した。その頃のことが思い出されて、懐かしくなった。

今年、私の一番のお気に入りは沈香木画箱《じんこうもくがのはこ》。20年ぶりの登場だが、20年前もやはり一番のお気に入りだった。

11の長方形の窓に描かれた絵（水晶板で覆っている）が愛らしい。うち4つには鹿が描かれている。額に入った絵が並んでいるようでもあるし、窓からのぞき込むとそういう景色がみえたようでもある。この意匠は実に素晴らしく、これほど見事な箱は他に見たことがない。

そのほか注目すべき品を、地味なものではあるが、ふたつ紹介してみたい。

ひとつは華厳経論帙《けごんきょうろんのちつ》。「華厳経論」という仏典を包んだもので、左上隅に「華厳経論第七帙」と書かれている。

奈良時代は「華厳経」が重要視された。聖武天皇は「華厳経」をもっとも大切にしており、東大寺の大仏は「華厳経」に基づいて造られた。「華厳経論」はその「華厳経」の注釈書である。

奈良国立博物館

審祥《しんじょう》という僧がいる。朝鮮半島の新羅で華厳教学を学び、多くの仏典を持ち帰った。そのなかに「華厳経論」65巻も含まれていた。この華厳経論帙は、審祥が持ち帰った「華厳経論」の巻第六十一から六十五の5巻を包んでいたと考えられる。

のちに東大寺の初代別当になる良弁《ろうべん》は、審祥を金鐘寺《こんしゅじ》（→金光明《こんこうみょう》寺《じ》→東大寺）に招き、天平12年（740）から3年間にわたって、華厳の勉強会を開催した。

聖武天皇は、当初は大仏を奈良にではなく、紫香楽宮《しがらきのみや》（滋賀県甲賀市信楽町）に造り始めたが、反対勢力の妨害に遭い、天平17年（745）に奈良に戻ってくる。そうして大仏造立の地として金光明寺（→東大寺）を選んだのは、そこが華厳教学の拠点になっていたからだろう。

審祥の存在がなければ、この華厳経論帙がなければ、大仏は東大寺に造られなかったかもしれない。

もうひとつは「写経請本帳《しゃきょうしょうほんちょう》」。天平8年(736)に、写経所が「和上《わじょう》」=玄昉《げんぼう》から、205巻の経典を借りた時の文書である。

奈良時代は、仏教の力で国を護り、みんなを幸せにしようとした時代である。そのために、国立の寺が建てられ、国立の写経所で、国家公務員が経典を書き写した。写経をするには底本《ていほん》(元になる本)が必要である。五千巻を超える最新の経典を唐から持ち帰り、写経事業に弾みをつけ、日本仏教を一気にレベルアップさせたのが玄昉だった。

玄昉は日本仏教界のリーダーとなるが、やがて九州へ左遷され、そこで死ぬ。僧らしくない振る舞いがあったとされ、遺骸はバラバラになって奈良に降ったと言われる。悪僧のように言われる玄昉の復権を願い、玄昉の命日である6月18日に、ゆかりの地を巡る「玄昉復権ツアー」を企画したところ、当日の朝に大地震が発生し、中止に追い込まれたことは以前に記した。

そのツアーは10月15日におこなうことができた。10月に完成した興福寺中金堂の法《ほっ》相柱《そうばしら》には玄昉が描かれているし、こうして正倉院展に玄昉に関する資料が登場するなど、今年の秋は玄昉復権の秋になったような気がしている。


(2018年11月7日)

永久寺

石上神宮《いそのかみ》（天理市）から山辺《やまのべ》の道に入り、南へ10分ほど歩くと、池のほとりに出る。今はもう建物は何も残っていないが、150年前まで、ここに永久寺《えいきゅうじ》という大きなお寺があった。

永久寺は、永久2年（1114）に、鳥羽天皇の勅命によって創建され、三方を山に囲まれているところから、内山永久寺とも呼ばれた。

池は境内にあった苑池《えんち》で、その東方の奥まった棚状の平地に、丈六（一丈六尺）の阿弥陀如来像を祀《まつ》る本堂が、西向きに建っていた。そして、本堂の南には観音堂、北には鎮守があった。

本堂の前方（西）には、南に鐘楼、北には八角形の多宝塔があり、多宝塔のさらに北には御影堂があった。

御影堂の西、池の北側には大日如来を本尊とする真言堂（灌頂堂）があることからもわかるように、永久寺は真言密教のお寺だった。

ただし、鳥羽天皇の勅命で永久寺を建立したのは、興福寺の頼実《らいじつ》と伝えられており、

興福寺の大乗院と深い関わりをもっていた。

真言堂の北方の地域をはじめとして、周囲には多くの子院が建ち並んでおり、永久寺は大和国における有数の大寺院であった。

その永久寺が姿を消してしまったのはなぜだろうか。

池の近くに「永久寺跡」の看板があり、「明治の廃仏《はいぶつ》毀釈《きしゃく》で廃寺となって」と説明されている。

しかし、永久寺がなくなったのは、廃仏毀釈のためではない。永久寺の僧侶が、寺を捨てて近くの神社へ移り、神官になってしまったからだ。

慶応4年（1868／明治元年）9月13日、布《ふ》留社《るしゃ》（現在の石上神宮）の藤原亮珍は、役所に宛てて文書を提出した。

亮珍は、直前まで、永久寺の最有力子院で

ある上乗院に住んでおり、永久寺のリーダーだったが、復飾（僧侶をやめて俗人に戻ること）して、布留社の神官になっていた。亮珍は、藤原氏のなかでも特に格の高い、鷹司家の出身であった。

永久寺は「社地」に改める。僧侶がいると「神仏混乱」するので復飾した。亮珍はそんなふうに書いている。

この年の3月に、いわゆる神仏分離令が出された。これは神社に宛てて出されたもので（寺は無関係）、①神社に僧侶がいてはいけない　②神様を仏教用語で呼んではいけない　③仏像を神社の祭神にしてはいけない　ただそれだけの通達だったのに、永久寺は「社地」だから僧侶がいてはいけないと、亮珍は言い出したのである。

永久寺は、僧侶がひとりもいない無住の寺になった。無住になった寺は公共の目的に使うという決まりがあった。しかし、使いたいという要望はどこからも出なかった。その場合には競売にかけるという決まりがあり、お堂は売りに出されたが、買い手はつかなかった。

当時の文書には、お堂は「無用之廃物」と記されている。やがて、鎮守だけを残して、お堂はすべて取り壊され、田畑になった。

これは廃仏毀釈ではない。永久寺の僧侶が見捨てたので維持できなくなっただけだ。亮珍を非難するつもりはない。亮珍には永久寺よりも大事なことがあったのだろう。

ところで、奈良教育大学の、今年の学園祭（輝甍祭《きぼうさい》／11月23・24日）のテーマは、「奈良想う、ゆえに奈良あり。」である。

素晴らしい！　デカルトのオリジナル（我思う、ゆえに我あり）よりずっといい！

想わなければ存在しない。想い続けなければ、存在し続けることはできない。

　私たちが永久寺のことを想い続ければ、地上には存在しなくても、永久寺は永久になくなりはしない。

（2018年11月21日）

達磨寺

達磨大師《だるまたいし》（5世紀後半～6世紀前半）は、インドの出身で、中国に初めて禅を伝えた僧である。

その達磨大師のお墓とされる古墳が、王寺町（奈良県北葛城郡）にある。そして、その古墳の上に、達磨寺《だるまじ》の本堂が建っている。

十二月、ある冬の日に、聖徳太子は、片岡というところで、飢えた人が道に臥《ふ》しているのを見た。名前を聞いてみたが返事はない。太子は飲み物や食べ物を与え、着ていた衣服を脱いで、飢えた人を覆った。

翌日、様子を見に行かせると、その人はすでに亡くなっていた。太子はとても悲しんで、その場所（＝片岡）に葬り、墓を造った。

数日後、太子は、あの飢人《きじん》は凡人（ただひと）ではない、きっと真人（ひじり）だろうと言って、また様子を見に行かせたところ、屍骨《かばね》はなく、太子の衣服だけが、棺《ひつぎ》の上に畳んで置いてあった。報告を受けた太子は、衣服を取りに行かせ、以前のように身に着けた。

この話は、奈良時代の初めに編纂された『日本書紀』にみえている。

平安時代の『聖徳太子伝暦《でんりゃく》』では、「飢人はもしくは達磨か」と記されている。

突拍子もない話の展開にも思えるが、飢人を達磨と考えるようになったのには、わけがある。

中国天台宗の第二祖、慧思《えし》（515〜577）は、「倭国の王子」として生まれ変わり、仏法を興隆させ、衆生を救った、といわれる。

『大唐七代記』によれば、達磨大師は、慧思に海東（＝日本）への転生《てんしょう》を勧め、先に東方へ飛び去った。

ところで、履《くつ》の片方（隻履《せきり》）を手にした達磨を描く「隻履達磨」と呼ばれる絵がある。

ひとりの僧が、西域から中国へ戻る途中、3年前に死んだ達磨と出会う。達磨は履の片方を手にしていた。帰国してから達磨の墓を開くと、屍骨はなく、もう片方の履だけが残されていた。聖徳太子が出会った飢人の話と似ている。

慧思が生まれ変わった「倭国の王子」は、聖徳太子だと考えられるようになった。太子への信仰が深まっていくなかで、太子と飢人との出会いは、慧思と達磨大師との海東（＝日本）における再会、と解釈されるようになっていく。

さて、片岡の地に位置する達磨寺の境内には、３つの古墳がある。そのうちもっとも立派な達磨寺３号墳が、飢人＝達磨大師の墓とされた。

寺伝では、鎌倉時代の初めに、笠置寺《かさぎでら》にいた貞慶《じょうけい》が、達磨像と伽藍を修補し、古墳の上に三重塔を建てたという。

室町時代の『太子伝玉林抄《ぎょくりんしょう》』によれば、鎌倉時代に、慶政《けいせい》が達磨の墓の上にあった土塔を改めて三重塔を建て、そこに聖徳太子と達磨大師の像を安置したという。

現在、達磨寺の本堂には、中央に千手観音像、向かって右に達磨大師像、左に聖徳太子像が安置されている。千手観音像は、別のお堂から近年移されてきたもので、本来は達磨大師と聖徳太子の像が、並んで祀られていた。

それはそうとして、いま達磨寺で一番人気があるのは、雪丸だろう。

雪丸は聖徳太子の愛犬で、人の言葉がわかり、お経も読めたという。亡くなる時に、必ず達磨墳の艮《うしとら》（北東）の角《かど》に埋めよと遺言したと伝えられる。

本堂の北東にある達磨寺1号墳は、寛政3年（1791）の『大和名所図会《やまとめいしょずえ》』には「こまつか」（狛塚）とあって、雪丸の墓と考えられていたようだ。

現在、本堂の西南に雪丸の石像がある。そして王寺町のキャラクター「雪丸くん」は、とってもかわいい！

（2018年12月5日）

雪丸の石像

雪丸くん

聖武天皇の夢

聖武天皇と光明皇后との間に、待望の皇子が生まれた。喜んだ聖武天皇は生後1ヶ月の皇子を皇太子に立て、人々は皇子が喜びそうなおもちゃ（「玩好物」）を奉った。

しかし、皇子は、満1歳になることもなく亡くなった。『続日本紀《しょくにほんぎ》』には、聖武天皇は「甚だ悼《いた》み惜《おし》みたまふ」とみえる。悲しみのあまり、3日間、天皇は政務をおこなうことができなかった。

皇子は那富山《なほやま》に葬られた。平成18年（2006）に閉園した奈良ドリームランドのすぐそばの、とてもさみしい場所にお墓がある。

「遊園地があった頃は楽しかったなあ。夜、みんなが帰ってから、ボクひとりで遊んでたんだよ。でももう誰もここには来てくれない……」。そんな声が聞こえてきそうだ。

薄幸の皇子の冥福を祈り、平城京の東の山の中に「山房」（金鐘寺《こんしゅじ》）が建てられた。これがのちに発展して、東大寺になる。

旱魃《かんばつ》飢饉《ききん》、大地震、天然痘の大流行。多くの人たちが苦しみながら死んでいく。そしてわが子も死んだ。

「すべての動物、すべての植物が、ともに栄える世の中をつくりたい」

現実にはありえない、そんな世の中をつくることを本気で夢みていた聖武天皇は、ひどく苦しむ。そして、苦しみぬいた末に、盧舎那《るしゃな》大仏を造ろうと思い立つ。

盧舎那仏は光の仏。太陽のような仏。太陽は、この世のすべてのものに、等しく、明かりとぬくもりをくれる。

しかし、それは、途方もない大事業になることが予想され、決心がつかない。

天平12年（740）のある日、河内国の知識寺《ちしきじ》を訪れた聖武天皇は、仏教の信仰のもと、大勢の人たちが小さな力をたくさん集めて造った、盧舎那仏を見た。

国家の大きな力ではなく、多くの富でもなく、民間の力、小さな力をたくさん集めて造る。そんなやり方があった。そのやり方で造ってこそ、盧舎那仏は真の太陽になりうるであろう。

程なくして、聖武天皇は、思うところがあると言って、平城京を離れる。

まず東へ向かい、伊勢神宮に使いを送って、祖先神の天照大神に祈りをささげた。そして北へ。これは曾祖父の天武天皇（大海人皇子《おおあまのみこ》）が、壬申の乱の折に通った道である。

そのあと天武天皇は戦いに勝利し、「日本」を作り上げた。

「日本」を再生するには、この手順が必要だった。

それから西へ。さらに南へ。ほぼ一周して平城京の近くまで戻ってきた聖武天皇は、新しい都（恭仁京《くにきょう》）を建設し始めた。

そして、都の北東に位置する紫香楽《しがらき》を、盧舎那仏を造る地に定め、紫香楽へ続く道を整備した。

盧舎那大仏は、銅で造る。そのためには、まず原型を土で造る。体骨柱《たいこっちゅう》（心木）を立てる際には、聖武天皇もみずから綱を引いた。同じ思いを持つ行基が、仲間とともに、全面協力してくれた。

しかし、片田舎の紫香楽に住むことを望まない勢力が放火を繰り返し、運悪く地震も相次いだことで、次第に人心不安が生じ、聖武天皇は平城京に戻ることを決断する。そして病んだ。

それでも盧舎那大仏を造ることはあきらめない。平城京において、新たに選ばれた聖地が、金鍾寺（→金光明寺《こんこうみょうじ》→東大寺）だった。

金鍾寺には良弁《ろうべん》がおり、ここで華厳の勉強会がおこなわれていた。盧舎那仏は『華《け》厳《ごん》経』に説かれる仏である。

天平勝宝４年（７５２）４月９日、出来上がった盧舎那仏に魂が入れられて、大仏はついに完成した。

（２０１８年12月19日）

恭仁宮跡（＝山城国分寺跡）

長岳寺

山の辺の道のちょうど中間あたりに長岳寺（釜《かま》ノ《の》口《くち》山《さん》長岳寺／天理市柳本町）がある。平安時代の初めに弘法大師空海が創建したと伝えられ、「釜ノ口大師」とも呼ばれてきた。

かつては48もの子院があったそうだが、現在では、そのうちの地蔵院だけが、お寺の庫裏《くり》となって残っている。

まず地蔵院に入り、縁側に坐ってお庭を拝見する。縁側の突き当たりには持仏堂があって、普賢延命《ふげんえんめい》菩薩が祀《まつ》られていた。たくさんの象に乗った不思議な仏様。

地蔵院なのに、お地蔵さまではなく、普賢延命菩薩が祀られているのはなぜなのか。住職さんのご説明では、江戸時代に普賢延命菩薩の信仰が高まり、本尊が入れ替わったそうだ。

襖《ふすま》絵《え》などもゆっくり拝見したあと、地蔵院を出て、楼門（最古の鐘楼門）をくぐり、本堂へ向かう。

ご本尊は阿弥陀如来。蓮の花の上に坐り、組んだ足の上に両手を置いた定印《じょういん》のお姿。

十三重塔の文殊菩薩

脇侍《きょうじ》の観音菩薩・勢至菩薩とともに、仁平元年（1151）に制作された。その眼は水晶をはめ込んだ玉眼《ぎょくがん》で、制作された年がわかるものとしては最古の玉眼像である。

そういうことを知ってしまうと、ついついそんな関心で見てしまいがちになるが、ご本尊の前に坐って拝すると、そんなことよりも、大きくて存在感があり、美しいことのほうが印象的だ。

阿弥陀三尊の手前の左右には、平安時代に造られた多聞天と増長天が立っている。

いずれも明治初年に三輪から移された像だと聞いていたが、近年、「大和釜之口／成身院」という銘文が見つかり、もとから長岳寺にあった可能性が高まった。

本堂の前には池があり、池の向こう側（南）から本堂を見るのがいい。池越しに阿弥陀仏を拝する浄土式の庭園になっていたことがわかる。

ところで、私が長岳寺に親しみを感じている理由のひとつとして、ここに興正菩薩《こうしょうぼさつ》叡尊《えいそん》の先生が住んでいたということがある。

鎌倉時代に、西大寺をはじめ、多くのお寺を復興した叡尊の、若き日の師は、長岳寺の静慶である。

叡尊は、文殊信仰にもとづき、ハンセン病の人たちの救済活動にも尽力した。池の東側に、獅子に乗った文殊菩薩が浮き彫りされている小さな石造の十三重塔があり、叡尊の供養塔ともいわれている。

そこから山道をのぼっていくと、「大石棺仏」が待っている。大きな石は、古墳の石材を転用したものだそうで、そこに2メートル近い仏様が彫り出されている。

私はこの仏様が好きだ。弥勒仏《みろくぶつ》（弥勒如来）とのことで、上げた右手は手のひらを外へ向け、下げた左手は手のひらを内へ向けている。

天の世界に住んでいる弥勒菩薩は、56億7千万年後に、弥勒仏となって私たちの世界に降りて来て、みんなを幸せにしてくれるという。

それまで何をしておられるのかというと、どうしたらみんなを幸せにできるかを考えておられるらしい。みんなを幸せにするのはよほど難しいことなのだろう。

この弥勒仏は、晴れやかなお顔をしておられる。難問が解けた表情のようだ。長岳寺の境内の高い場所から、広い世界を、温かいまなざしで、やさしく見守っている。

長岳寺はお花の寺としても知られている。四季折々のさまざまなお花を見ながら、静かな時を過ごしたい。

（2019年1月16日）

大石棺仏

日本の誕生

『古事記』を読むのは楽しい。原文は、言葉のリズムがとてもいいので、声に出して読むとさらに楽しくなる。

『古事記』によると、日本は、水に浮いた脂《あぶら》のよう、海面を漂うくらげのようだった。これではいけないと考えた神々は、イザナギ（男神）とイザナミ（女神）に、「この漂える国を、修理《おさ》め固め成せ」と命じた。

ふたりは、天《あめ》の浮橋《うきはし》（虹のイメージ）に立ち、矛《ほこ》をおろして、海水をかき混ぜた。これは、鳴門のうず潮から生まれた幻想だと思う。

そして矛を引き上げると、先端からしずくが落ち、固まって、島になった。

島に降りたふたりは、お互いに、自分の体はこんなふうだと描写し合う。

女神イザナミは「成り成りて成り合はざる処一処《ところひとところ》あり」。男神イザナギは「成り成りて成り余れる処一処あり」。

そこで、成り余れる処を、成り合はざる処に刺し塞《ふさ》ぎ、国土を生むことにした。

男神と女神が性交して、国土を生む。まず、淡路島（長男！）。次は、四国。次は、隠岐。次は、九州。次は、壱岐。次は、対馬。次は、佐渡。最後に、本州が生まれた。

イザナミは、その後も、石の神や風の神や海の神や木の神や山の神や野の神などを次々に生むが、最後に火の神を生み、やけどをして死ぬ。

イザナギは、イザナミを連れ戻そうと黄泉《よみ》の国（死者の国）へ行くが、すでに手遅れだった。

出雲大社

生者の世界に戻ったイザナギが水で身を浄めると、左の目からはアマテラス（女神）、鼻からはスサノヲ（男神）が生まれた。

大暴れして問題を起こしたスサノヲは、天の世界を追われ、出雲国にやって来る。

その地で、ヤマタノオロチ（頭が8つ、尾が8つある大蛇）を退治し、クシナダヒメと結ばれたスサノヲは、ヤマタノオロチの尾のなかから見出した立派な大刀《たち》を、姉のアマテラスに献上した。これが三種の神器のひとつ「草薙剣《くさなぎのつるぎ》」である。

やがて、スサノヲのもとに、オオクニヌシがやって来る。

オオクニヌシとスセリビメ（スサノヲの娘）は、会った瞬間に恋に落ち、結ばれる。スサノヲからの難題を、スセリビメのひそかな助けで切り抜けたオオクニヌシは、スサノヲに気に入られる。

そして、スサノヲのもとで手に入れた特別な大刀と弓矢を用いて、大勢の邪悪な兄たちを追い払う。

『古事記』を読むと、この箇所に「始めて国を作りたまひき」とある。

「浮ける脂《あぶら》のごとくして、くらげなすただよへる」国を「修理《おさ》め固め成」して、日本はできあがった。

そうであれば、オオクニヌシの子孫が日本を治めてきたのだろうか。

ある日、アマテラスが、天から地上を見下ろすと、わが子が治めるはずの国が、なにやら騒がしい。そこで、次々に使者を地上へ派遣するが、オオクニヌシを気に入って、誰も戻ってこない。

ついに、最強の神、タケミカヅチが派遣された。ここはアマテラスの子孫が治める国だと迫るタケミカヅチに、オオクニヌシとその子コトシロヌシは了承し、もうひとりの子タケミナカタは戦うも歯が立たず、降伏する。

そうして、オオクニヌシは出雲大社、コトシロヌシは美保神社、タケミナカタは諏訪大社に祀《まつ》られて、今に至る。

これを「国譲《くにゆず》り神話」という。アマテラスの子どもの子どもの子どもの子どもが、神武《じんむ》天皇である。

（2019年1月30日）

慶田寺

奈良県桜井市芝。

東を見ると、そこには美しい三輪山がそびえている。北には、卑弥呼の墓ともいわれる箸墓《はしはか》古墳があり、さらにその北には纏向《まきむく》古墳群が。

江戸時代には、ここに芝村藩という1万石の小さな藩があった。

小さな藩には城がない。その代わりに陣屋《じんや》とよばれる建物があって、そこで藩主が政務を執った。

明治4年（1871）に廃藩置県（藩を廃して県を置く）が断行されると、役目を終えた陣屋の多くは壊された。

芝村藩の陣屋の門は、慶田寺《けいでんじ》（桜井市芝）の門となって今も残っている。

堂々とした門。通常のお寺の門の姿とは異なっている。門の壁が白く、門に続く寺の塀もまた白壁なので、遠くから見ても、とてもすがすがしく、心ひかれる風情がある。

藩のシンボルである陣屋。その門がなぜ慶田寺に移されたのか。慶田寺が芝村藩の

藩主の菩提寺《ぼだいじ》だったからだ。

門をくぐり、境内に入る。清掃が行き届いており、品格が感じられる。

まず、左手にある墓地に入らせていただいた。奥へ進んでいくと、ひときわ大きな五輪塔が立ち並んでいるのが見えてくる。それが、歴代藩主のお墓である。

中央に、初代藩主の織田長政公のお墓。織田と言えば、織田信長。芝村藩の藩主は、織田信長の弟の子孫である。

信長の弟の長益《ながます》は、関ヶ原の戦いで東軍に加わって戦果を上げ、徳川家康から3万石を与えられた。

しかし、長益は豊臣家に仕えていたので、大坂冬の陣では豊臣方に付いた。そして、夏の陣では豊臣方の現状に失望して離脱し、隠居した。

その後は、茶の湯の世界に没頭し、織田有楽斎《うらくさい》の名で知られるようになる。

隠居した長益は、3万石のうち1万石を四男の長政《ながまさ》に、1万石を五男の尚長《なおなが》に与え、残りの1万石は隠居料として手元に残した。

こういう経緯で、長政は芝村藩（はじめは戒重藩《かいじゅう》）、尚長は柳本藩の藩祖となった。本堂に入る。ご本尊は、錫杖《しゃくじょう》を右手に添えた、長谷式の十一面観音である。寺伝では長谷寺の本尊十一面観音像と同じ木で造られたという。

本尊の後方には、向かって右に大権修利菩薩《だいげんしゅりぼさつ》、左には達磨大師《だるまだいし》がお祀《まつ》りされている。達磨大師は、禅宗の始祖。大権修利菩薩は、曹洞宗のお寺に祀られる伽藍神《がらんじん》で、右手をかざして遠くを見るようなポーズをしている。そのことからもわかるように、慶田寺は曹洞宗の禅寺である。

本堂の奥に納骨堂があり、そこに珍しい仏様がいらっしゃるので、拝見させていただいた。

中央に大きな阿弥陀如来の坐像。その右隣に超スリムな菩薩像が立っておられる。いずれもすぐ近くにあった広読寺《こうどくじ》の仏像で、広読寺が廃寺になったために慶田寺に移ってきた。広読寺は、鎌倉時代に西大寺を復興した叡尊《えいそん》が、ここで105人に授戒をしたという記録が残っている。

超スリムな菩薩像には頭上面がない（窪みはある）が、十一面観音像である。ケヤキの一木造《いちぼくづくり》。実は木心乾漆造《もくしんかんしつづくり》の木心部分なので、本来ならば目にすることのないお姿である。

木心乾漆造は、核となる木彫像の上に麻布を貼り、さらに漆で盛り上げて成形していく技法。この像は、千年を超える長い時の流れのなかで、表面が傷み、木彫像の部分だけが残ったものである。

大きくてはっきりした目と鼻と口。ほほえんでおられるのが印象的だった。

（2019年2月13日）

十一面観音像

九品寺

九品寺《くほんじ》（奈良県御所市《ごせ》）に初めてお参りした。とてもいいお寺だった。行こうと思ったのには、いくつかの理由がある。

近鉄奈良駅の噴水の上で、いつも立っておられる行基《ぎょうき》さんの像は、実は三つ子で、他のふたりは、霊山寺《りょうせんじ》（奈良市）と九品寺に立っている。これを知った時から、ずっと行ってみたかった。

ちなみに、3つ子の行基さんは、もとはいずれも赤膚焼で制作されていたが、近鉄奈良駅の行基さんは壊されてしまい、現在はブロンズの像に代わっている。よく見ると、近鉄奈良駅の行基さんだけ、数珠の持ち方が違う。ブロンズ像の作者は、こちらのほうがいいと思ったのだろうか。

さて、九品寺という名前は「九品往生《くほんおうじょう》」の思想から来ている。人間は、上《じょう》の上《じょう》から下《げ》の下《げ》までの9ランク（九品《くほん》）に分けられるそうだ。しかし、どのランクに属していても、阿弥陀如来は必ず極楽浄土へ連れて行ってくれるといわれている。これが「九品往生」である。

そのことが、すべての人にはっきりわかるようにするには、9躰《たい》の阿弥陀如来像を造って並べる方法があり、平安時代に流行した。

しかし、平安時代の9躰の阿弥陀如来像が、今もそのまま残っているのは浄瑠璃寺《じょうるりじ》（京都府木津川市）だけで、このほか東京の九品寺には、江戸時代の9躰の阿弥陀如来像が、3つのお堂に3躰ずつ分かれて坐っている。

御所市の九品寺は、裏山の千体石仏が有名で、近年は彼岸花の名所としても知られるようになった。そうではあるのだが、私はそれよりも、ご本尊の阿弥陀如来にお会いして、「九品往生」について考えてみたかったのである。

門をくぐり、石段を登っていくと、斜め正面に大きな本堂、右手に地蔵堂があった。行基さんは、本堂の手前、向かって左に立っておられた。

本堂と地蔵堂は、いずれも一般には公開されていないが、お願いをして、特別に入れていただいた。

本堂におられるご本尊は、もちろん阿弥陀如来像で、1躰だけではあるが、大ぶりの坐像で、浄瑠璃寺の像を思い出させる雰囲気がある。

そして、周囲の4本の柱に小さな四天王像がくっついていた。

持国天は青くて東を護り、増長天は赤くて南を護り、広目天は白くて西を護り、多聞天は黒くて北を護る。そんなふうに、お顔がちゃんと色分けされている。

ご本尊のうしろ側には、釈迦三尊の画像が懸けられている。お釈迦さまは極楽浄土へ送り出し、阿弥陀如来は極楽浄土で迎えてくれるとされ、浄土宗ではこの2仏を対《つい》（セット）にすることが多い。

本堂のなか、向かって右には善導大師《ぜんどうだいじ》（法然上人の師）、左には法然上人のお像がお祀りされており、そのお二人の周囲に、驚くほど多くの仏像が安置されていた。

それらは、周辺のお寺から移って来たお像だと、副住職さんに教えていただいた。水牛に乗る6本足の大威徳明王《だいいとくみょうおう》や、頭に龍を乗せた難陀龍王《なんだりゅうおう》もおられた。

地蔵堂にもたくさんの仏様がおられた。このお堂自体が明治初年の神仏分離の際に、近くの鴨都波《かもつば》神社から移ってきたそうで、本尊の地蔵菩薩のほかに、如意輪観音や腹帯をした釈迦如来や、元気な風神・雷神もおられて、思わず長居をしてしまった。

仏様が集まって来るお寺。集まって来たくなるお寺。そんな九品寺の魅力を存分に感じた、いい一日だった。

（2019年2月27日）

百雑砕

お釈迦さまは2月15日に亡くなった。

この日、各地のお寺では、お釈迦さまが亡くなった様子を描いた涅槃図《ねはんず》を懸けて、お釈迦さまをしのぶ。これを涅槃会《ねはんえ》という。

今年の2月15日に、私は興福寺の涅槃会に参列させていただいた。

本坊の広間へ入ると、すでに多くの人々が坐っていた。奥に涅槃図が懸っているのがみえる。昨秋の中金堂《ちゅうこんどう》落慶の影響か、例年よりも人が多いという声が聞こえてきた。

スタッフのみなさんが、追加の座布団を次々に運んでくる。

やがて、雅楽が演奏されるなか、僧侶の方々が入場して来られ、法要が始まった。唄《ばい》、散華《さんげ》。独特の節回しの声明《しょうみょう》が唱えられ、蓮の花びらの形をした美しい紙（散華）がまかれる。

それが終わると、「舎利和讃《しゃりわさん》」をみんなで唱えた。

世間もとより常になし

是をぞ生死《しょうじ》の法と云う
生《しょう》をも滅をも滅し終え
寂滅《じゃくめつ》なるをぞ楽《らく》とする

続いて、釈迦念仏（「南無釈迦牟尼仏《なむしゃかむにぶつ》」）を唱え、そのあと『法華経』の「如来寿量品《にょらいじゅりょうぼん》」と『唯識三十頌《ゆいしきさんじゅうじゅ》』が読誦された。

そして最後は、「舎利礼《しゃりらい》」。


一心頂礼《いっしんちょうらい》。万徳円満。釈迦如来。真身舎利……


リズミカルな文言を三回繰り返して、法要は終わった。

僧侶の方々が退場すると、参列者はさっそく涅槃図に近づいていく。もちろん私もそうしたが、私には涅槃図にもまして（と言うと失礼だが）心ひかれたものがあった。

それは、「百雑砕《ひゃくざっさい》」の書だった。

百雑砕。ひゃくざっさい。こっぱみじんに打ち砕く。禅の言葉である。まわりにあるものではなく、自分のなかにたまりにたまったものを、こっぱみじんに打ち砕く。とてもいい言葉だと思う。書も堂々として素晴らしい。水谷川忠麿《みやがわただまろ》公（1902〜61

近衛文麿《このえふみまろ》首相の実弟で、春日大社の宮司も務めた）がお書きになったものだ。

このとき、ひとりの学生の顔が浮かんできた。彼は、この3月で帝塚山大学を退学する。入学した当初から周囲に違和感を覚えており、思い悩んだ末に大学を去る。家庭にも問題があり、だから無理からぬことではあるのだが、そのことにがんじがらめになっていて、前向きな、明るい発想ができない。

とはいえ、自分にあった別の大学をめざそうというのだから、悪いことではない。彼は2年生。浪人しているので、みんなよりも3年遅れることになるが、人生は長いのだから、だいじょうぶ。何の問題もない。むしろ、遠い道を行くことはいいことだ。

ふたつの点を結ぶ最短の道は、直線である。それがもっとも早くはあるけれど、直線には保水力がない。曲がりくねった道や、遠回りの道のほうが、保水力があるし、さまざまな出会いもあるはずだ。先日、この話をしたら、彼はずっと涙を流していた。

「主人公」という言葉がある。禅の世界では、「自分の人生の主人公は自分だ。他の誰でもない」という意味に使う。

過去にとらわれず、たまりにたまったものを、こっぱみじんに打ち砕き、身軽になって前へ進む。日々脱皮。私が主人公だ。

次は彼にこの話をしてあげようと思いながら、「百雑砕」の書をしみじみと見た。

涅槃会とは関係ないように思われるかもしれないが、私にはむしろ深いつながりが感じられた。これこそが、お釈迦さまの遺言なのだと。

（2019年3月13日）

阿修羅

10年前、東京国立博物館で「国宝／阿修羅《あしゅら》展」が開催された。入場者は94万人。明治時代に博物館（美術館）というものができて以来、日本の文物の展覧会としては、もっとも多い入場者数だった。

興福寺の阿修羅像は、日本で一番人気のある仏像だと言ってもよいだろう。3つの顔と6本の手。考えてみれば、奇妙な姿をしているのだが、あの少年のようなピュアなまなざしは、多くの人々の心をとらえてやまない。

阿修羅は、古いインドの言葉ASURAを、中国で漢字に訳したものである。ASURAは古代インドのバラモン教のテキスト『リグ・ヴェーダ』に登場するが、古代イランのゾロアスター教のテキスト『アヴェスタ』にも、AHURAとして姿を見せる。

インドのバラモン教やヒンズー教では、阿修羅は神々と戦う存在で、仏教世界でも、帝釈天《たいしゃくてん》と戦い続ける悪役の鬼神という性格をもっている。

しかし、やがて仏教世界の守護神にもなり、お釈迦《しゃか》さまが亡くなる場面を描いた涅槃図には、お釈迦さまの傍《かたわ》らで悲しむ阿修羅の様子が描かれている。

天平5年（733）正月11日、光明皇后のお母さん、橘三千代《たちばなのみちよ》が亡くなった。橘三千代は結婚して3人の男の子を授かったが、やがて離婚し、藤原不比等《ふひと》と再婚、光明皇后が生まれた。

不比等が亡くなると、藤原氏の氏寺である興福寺に、不比等の冥福を祈って北円堂が建てられた。

光明皇后は、お母さんの冥福を祈り、北円堂のすぐ南に西金堂《さいこんどう》を建てた。本尊は釈迦如来で、その周囲には、お釈迦さまファミリーの菩薩や神々や仏弟子たちの像がたくさん安置された。阿修羅像はそのなかの1体だった。

つまり、阿修羅像は、光明皇后が、お母さんの冥福を祈って造らせた仏像ということになる。

阿修羅像の背後には、お母さんを亡くした光明皇后の深い悲しみがある。その悲しみに思いをはせながら向き合わないと、阿修羅像のことは理解できない。阿修羅に本当に出会ったとはいえない。

そして阿修羅は、ひとりぼっちではない。8人でチームを組んでいる。これを八部《はちぶ》衆《しゅう》という。阿修羅だけではなく、八部衆には少年のような像が多い。たとえば五部浄《ごぶじょう》は、小学校5年生くらいの男の子のよう。沙羯羅《さから》に至っては、幼稚園の年長さん、6

歳くらいの男の子に見える。こんなに幼い表情をした八部衆は、他のどこにもいない。

光明皇后は子どもを亡くしている。お母さんが亡くなる4年4ヶ月前のことである。最初に女の子が生まれてから9年、ついに待望の皇子が誕生した。聖武天皇は、生まれたばかりの皇子を皇太子にした。期待の大きさがよくわかる。しかし、皇子は病気だった。そして、あらゆる手だての甲斐もなく、皇子はこの世を去った。まだ満1歳にもなっていなかった。

西金堂の仏像群が造られた頃、その皇子が生きていれば満6歳になっている。沙羯羅には6歳になった皇子の姿が投影されているのではないか。そして光明皇后は、五部浄に11歳くらいの、阿修羅には10代後半にまで成長した皇子の姿を見ていたのではないだろうか。死んだわが子の、幻の成長過程を妄想する母…

元気いっぱい幸せいっぱいの人が仏像を造らせたりはしない。仏像の背後には、それを造らせた人の苦しみや悲しみがきっとあるに違いない。

阿修羅像は、子を失い母を失った光明皇后の深い悲しみが生み出した仏像である。


（2019年3月27日）

阿修羅像　撮影＝飛鳥園

令和、そして言葉

4月1日、新元号が「令和」に決まった。

「安永」「安久」「永安」「安栄」など、「安」の付くものが有力候補としていくつも挙がっていたが、それだけはないと思っていた。

安政の大獄、安和《あんな》の変、弘安の役《えき》、文安の麹《こうじ》騒動……。

「安」が付く元号の時期には、穏やかならざる出来事が多いからだ。

「令和」は万葉集から採られたと聞き、さっそく手元にあった万葉集を開いてみた。

天平2年（730）正月13日、九州の大宰府《だざいふ》において、長官の大伴旅人《おおとものたびと》の宅《いえ》に集まった人々は、梅の花を観《み》ながら酒を酌み交わし、梅をテーマにして、次々に歌を詠んだ。

そうした経緯を記した序文のなかに「初春令月（初春の令月《れいげつ》にして）、気淑風和（気淑《よ》く風和《やわら》ぎ）」とあり、そこから「令」と「和」が採られた。

「令」はよいという意味。よい日は吉日、よい月は令月。

「和」は「平和」の和ではない。「平和」は戦いや争いがなくて穏やかな状態をいう。

この「和」は「やわらぐ」の意味で、人間のおこないを超えた、世界あるいは自然そのもののやさしさをいう。「気淑」も同様で、めでたくなごやかな気分のことである。

「令和」は、とてもいい元号だと思った。

さて、格調高い序文に続く32首の和歌へ、わくわくしながら目を移したところ、意外にも、私の心をとらえる歌はほとんどなかった。

しかし、考えてみれば当然かもしれない。たとえば、カラオケでどんなに楽しく盛り上がったとしても、それを誰かが録音して、あとで無関係な人が聴いたとしたら、なんやこれはと言われておしまいになるだけだと思う。

つまり、あの梅の宴の32首は、楽しいカラオケ宴会における自作の歌々のようなものだったのかなと私は思ったのだが、万葉集の専門家の方々にご教示をいただきたいものだ。

それにしても、元号の制定にあたり、こんなに多くの人々から関心が寄せられたのは、日本の歴史上、まったく初めてのことだった。

そして、ひとつの言葉に対して、ひとつひとつの文字に対して、多くの日本人がこれほどまでに熱く語り合ったのも、日本の歴史上、初めてのことであったかもしれない。

言葉の世界に生きている者として、とてもうれしかった。

ところで、話は違うが、同じ4月1日に、龍谷大学（京都市）の入学式における入澤《いりさわ》崇《たかし》学長の式辞を聴いた。素晴らしい式辞だった。

龍谷大学は、真実を求め、真実に生き、真実を顕《あきら》かにすることのできる人間の育成に努める大学です。何事をなすにも情熱と志と努力が必要です。イチロー選手は誰よりも時間をかけてグラブの手入れをしていたそうです。野球という競技に敬意を払っていたからでしょう。大学は学問をするところです。学問に敬意をもってください。肝心なことは何も知らなかったと気づくことで学びは始まります。龍谷大学での学び、それは人生に深みと広がりをもたらします。龍谷大学は、人の悲しみ痛みがわかる学生の育成に力を注いでいます。対話は声を聴くことから始まります。苦悶する声に耳を傾け、内なる声を聴くことが大切です。自省利他《じせいりた》。自分を省《かえり》みる。このままでいいのか、自分は何のためにここにいるのか。大いなる志を忘れないでください。皆さんに輝かしい未来があらんことを。

YouTubeでも見られるので、東京に住む次男にも勧めたところ、返信があった。

感動しました。これほど深く言葉を届けられる人がいるのですね。心のこもった言葉を受けたことを、人は決して忘れないものです。

（2019年4月10日）

大宰府政庁跡

貝の匙

まもなく「平成」が終わる。天皇陛下は「天皇としての旅」を終えようとしておられる。

私は平成元年に結婚し、3人の子どもを授かった。そして、平成7年に父を、平成30年に母を亡くした。昭和と平成が、私の人生のおよそ半分ずつを占めるのだが、平成がもつ意味はとても重い。

天皇皇后両陛下と親しくお会いさせていただいたのは、平成20年（2008）の正倉院展の折りだった。

その当時、私は奈良国立博物館の学芸部長で、湯山館長がタイムキーパーとしてご先導し、内藤室長が天皇陛下のご案内、私は皇后さまのご案内を担当させていただいた。お二人は、すべての宝物に対して、全身で向かっていかれた。通常、人には好みがあり、興味関心もさまざまなので、宝物によって反応に違いがでるものである。しかし、お二人は、どの宝物にも等しく、しかもこの上ない親愛を込めて向き合っておられた。その姿勢は、周囲の人たちに対しても同じだった。すべての人に対して、そ

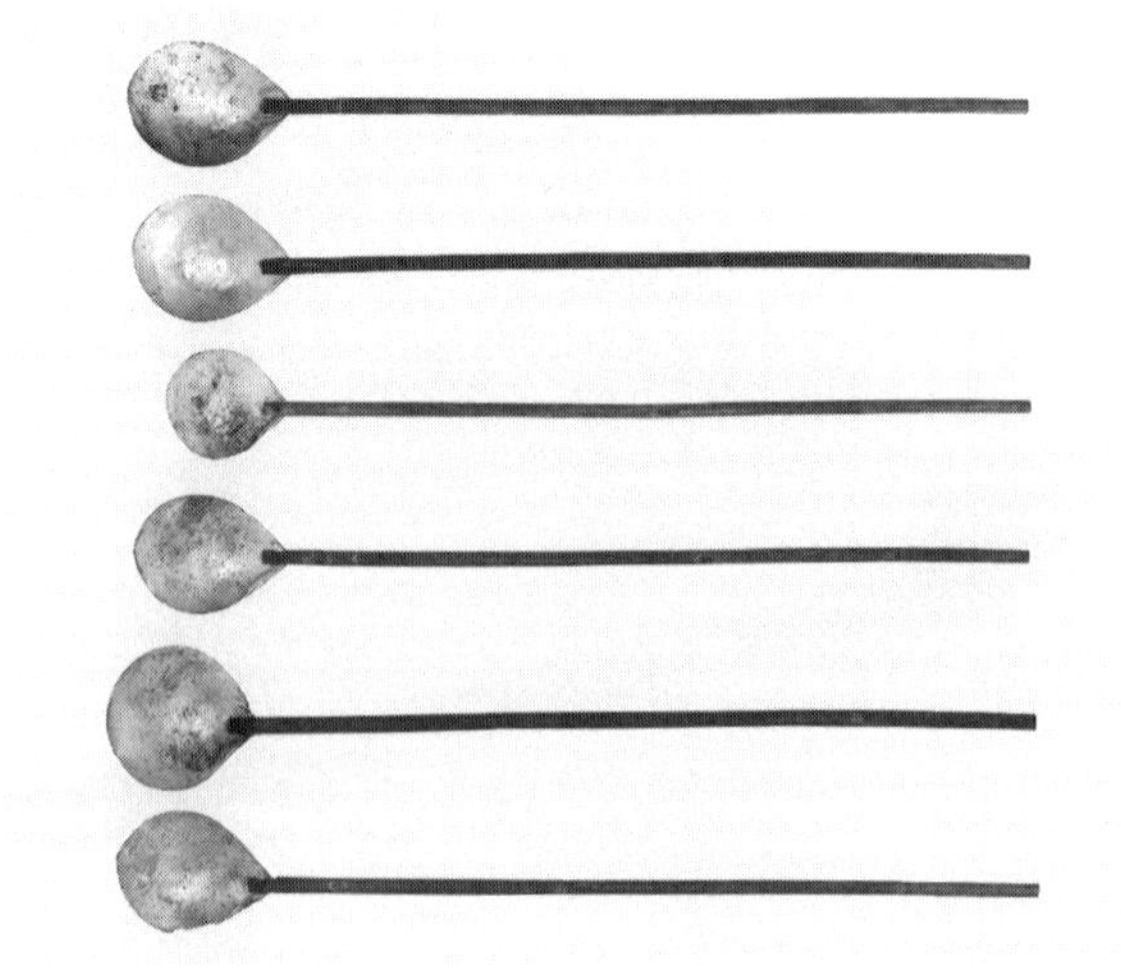

貝匙　正倉院宝物

のひとりそのひとりが一番大切な人であるかのように、真心を込めて近づいて来られた。

そのような方にお会いするのは初めてだった。失礼な言い方かもしれないが、「こんな人がいるんだ」と衝撃を受けた。この時の思いを忘れたことはない。

皇后さまが「あらっ」と声をあげて近づこうとされた宝物があった。「貝匙《かいのさじ》」である。しかし、スケジュールは秒単位で決まっており、館長が「どうぞこちらへ」と申し上げたため、ご覧いただけなかったのが残念だった。

即位される以前の昭和50年（1975）7月、沖縄を訪れたお二人は、空港から南部戦線の地へ直行された。ご案内した沖縄県知事の屋良《やら》朝苗《ちょうびょう》さんは、「私は何人もの方々をひめゆりにご案内しました。しかし、あのような敬虔《けいけん》な祈りを捧げてくださった方は、皇太子ご夫妻だけでした」と涙をぬぐった。

慰霊のために行かれた南方の各地の島々で、青い海に向かって深々と拝礼するお二人の姿が浮かんでくる。

平成17年(2005)、お二人は西太平洋のサイパン島を訪れた。その61年前、アメリカ軍の攻撃を受け、日本軍は全滅。女性や子どもを含む数百人の民間人は、島の北側の断崖から飛び降りて命を絶った。

皇后さまは歌を詠まれた。

いまはとて　島果ての崖《がけ》　踏みけりし　をみなの足裏《あうら》　思へばかなし

島の果ての断崖から身を投げた女性の、地面を蹴ったその最後の瞬間の、足の裏の感触にまで思いをはせる人が、他にいるだろうか。

皇后さまがお声を失ったことがあった。事実ではないことへさまざまなバッシングを受けた悲しみが原因だった。

お見舞いに行ったご友人に、皇后さまは一冊の本をお示しになった。新美南吉《にいみなんきち》の『でんでんむしの悲しみ』だった。ある日、でんでんむしは、背中の殻に悲しみがいっぱい詰まっていることに気づく。

「もう生きていられない」と言うと、どの友だちも、自分の背中も同じだと言う。

「悲しみは誰でも持っているのだ。私ばかりではない。私は私の悲しみをこらえていかなきゃならない」

この方は、こういう時に、小さい時にお聞きになった、このお話で乗り切ろうとしていらっしゃるのか……。

そう思ったことが忘れられないとご友人は語っていた。

深い悲しみを抱いている人だけが、他者の悲しみに共感できるのだろう。すべての他者へ常にやさしいまなざしを向けることができるのだろう。

まもなく「令和」が始まる。お二人のこれからが健やかな日々でありますように。

（２０１９年４月24日）

本書は、
毎日新聞奈良版に連載中の「奈良の風に吹かれて」
（２０１５年９月23日〜２０１９年４月24日掲載分から抜粋）に
加筆したものです。

おわりに

『語りだす奈良118の物語』を刊行したのは、平成27年（2015）秋のことだった。
これは毎日新聞の奈良版に隔週で連載しているエッセイの118回分をまとめたものので、「奈良がもっと好きになる」のコピーを添えて世に送り出したところ、思いがけずご好評をいただき、版を重ねたことにより、このたび続篇を出させていただくことになった。

私は徳島で生まれ、伊勢で育ち、学生時代は京都で過ごしたのち、奈良国立博物館に就職したことで、奈良にやってきた。京都で暮らしていた頃は、鎌倉時代に高山寺《こうさんじ》（鳥獣戯画で知られる）を創建した明恵上人《みょうえしょうにん》について調べていた。

奈良に住むようになって、聖武天皇と大仏、光明皇后と正倉院宝物といったテーマや、東大寺、興福寺、元興寺、璉城寺《れんじょうじ》、法華寺、海龍王寺、西大寺、薬師寺、唐招提寺、大安寺、霊山寺《りょうせんじ》、法輪寺、聖林寺《しょうりんじ》、長谷寺、室生寺、春日大社といった奈良のお寺や神社のこと、お水取りや花会式《はなえしき》やおん祭や光明真言会《こうみょうしんごんえ》などの奈良の年中行事に、次第に心をひかれるようになった。そして、奈良国立博物館で100を超える展覧会を担当させてもらい、おかげさまで本当にたくさんのことを学んだ。

そうこうしているうちに、奈良の深い魅力に目覚めたが、その本当の魅力がほとんど知られていないことにも気づき、それを伝えることが私のやるべきことではないかと思うようになった。

新聞や雑誌、テレビやラジオなどで、奈良を紹介させていただくことが多くなり、全国各地で話をさせてもらう機会も増えた。地元の奈良でも、幼稚園のこどもたちから高齢の方々まで、さまざまな人たちに奈良の魅力を語り続けている。

歴史は終わってしまったものではない。過ぎ去ってはいない。今につながり、私たちにつながり、明日につながっていく。だから、歴史は、すべて現代史である。過去と現在を、別物とは考えない。歴史上の人物やできごとを他人ごとにしないことで、歴史ははじめて自分のものになる。

毎日新聞の連載は現在も続いており、これがなければ2冊の本が世に出ることはなかった。毎日新聞奈良支局の歴代の担当者の方々、読んでいますよと声をかけてくださる奈良の方々、お世話になったウェッジ編集部の新井梓さん、そして……。皆様に深く感謝いたします。

令和元年6月

西山　厚

❖著者プロフィール❖

西山　厚（にしやま・あつし）

奈良国立博物館名誉館員、半蔵門ミュージアム名誉館長、帝塚山大学客員教授、東アジア仏教文化研究所代表。

徳島県鳴門市生まれの伊勢育ち。京都大学大学院文学研究科博士課程修了。奈良国立博物館で学芸部長として「女性と仏教」など数々の特別展を企画。主な編著書に『仏教発見！』（講談社新書）、『僧侶の書』（至文堂）、『別冊太陽 東大寺』（平凡社）、本書の前篇である『語りだす奈良 118の物語』（ウェッジ）など。奈良と仏教をメインテーマとして、人物に焦点をあてながら、さまざまなメディアで、生きた言葉で語り、書く活動を続けている。

語りだす奈良　ふたたび

2019年6月15日　第1刷発行
2023年9月8日　第2刷発行

著　者　西山　厚
発行者　江尻　良
発行所　株式会社　ウェッジ
〒101-0052東京都千代田区神田小川町一丁目3番地1
NBF小川町ビルディング 3階
TEL　03-5280-0528
FAX　03-5217-2661
http://www.wedge.co.jp/　振替00160-2-410636

装　画　はぎのたえこ
装幀・組版　上野かおる+中島佳那子（鷺草デザイン事務所）
印刷・製本所　シナノ印刷株式会社

※定価はカバーに表示してあります。　ISBN978-4-86310-216-3 C0026
※乱丁本・落丁本は小社にてお取り替えいたします。